Herbert Ziegler · «Wehe euch, ihr Heuchler!»

W0110526

W

Herbert Ziegler

«Wehe euch, ihr Heuchler!»

Die ureigenen Worte Jesu

Walter-Verlag
Solothurn und Düsseldorf

Die Deutsche Bibliothek – CIP-Einheitsaufnahme

Ziegler, Herbert:
«Wehe euch, ihr Heuchler!» : die ureigenen Worte Jesu /
Herbert Ziegler – Solothurn ; Düsseldorf : Walter, 1993
    ISBN 3-530-98484-1

© Walter-Verlag, 1993
Satz: ASL Atelier für Satz und Layout, Wangen a.d. Aare
Druck und Einband: Clausen & Bosse, Leck
Printed in Germany
ISBN 3-530-98484-1

Inhalt

Vierter Teil
Am Scheideweg

Worum es in diesem Buch geht

Die christliche Welt ist größer und kleiner zugleich geworden. Die Entdeckung Amerikas vor fünfhundert Jahren hat so etwas wie ein «Weltbild» erstmals möglich gemacht. Andererseits hat die Erforschung der menschlichen Stammesgeschichte laufend zu neuen verblüffenden Erkenntnissen geführt. Durch Funde von Frühvertretern der Gattung Mensch in Europa, China, Afrika haben die Anfänge der Menschheit ein weltweites Gesicht erhalten. Zugleich ist ihr Alter sprunghaft gewachsen und scheint heute schon die Grenze von vier Millionen Jahren zu erreichen.

Damit stellt sich freilich auch mit ganz neuer Brisanz die Frage, ob und in welchem Sinn Jesus für alle Menschen der alleinige Urheber des Heils sein könne. «In keinem anderen gibt es Rettung» – so verkündete es einst Petrus vor der höchsten jüdischen Behörde (Apg 4, 12). Was aber war mit den Menschen, die in den vier Millionen Jahren lebten, bevor Jesus kam und seine Lehre vortrug? Und wie steht es um die Menschen in der heutigen Welt, die den Namen Jesus nie gehört haben – und das sind vier Fünftel der Menschheit? Die Zeiten sind unwiederbringlich vorbei, in denen die Welt christlich war. Nur für einen kleinen Teil der Weltbevölkerung ist das Evangelium noch erheblich.

In der vom Christentum bestimmten Welt freilich bietet das Evangelium sich mit einer Frische dar wie noch nie. Mit einer Intensität ohnegleichen wurde in den letzten zweihundert Jahren über die neutestamentliche Überlieferung geforscht. Durch Sammlung und Sichtung aller erreichbaren Handschriften wurde der griechische Text des Neuen Testaments auf eine solide wissenschaftliche Grundlage gestellt. Aber auch die Jesusüberlieferung der Evangelien wurde in ihrer geschichtlichen und literarischen Eigenart erst in neuerer Zeit erfaßt. Bei aller grundsätzlichen Anerkennung der geschichtlichen Zuverlässigkeit der Evangelien können diese – wie schon die Abweichungen zwischen den vier Dokumenten erkennen lassen – unmöglich als historische Protokolle angesehen werden. Jedes Evangelium wurde von einem anderen Verfasser geschrieben, an einem anderen Ort, zu einer anderen Zeit, für einen anderen Leserkreis. Zwischen den Ereignissen und ihrer Niederschrift liegt überdies ein erheblicher zeitlicher Abstand von fünfzig bis achtzig Jahren, so daß die Worte und Taten Jesu schon deshalb nicht mit historischer Präzision festgehalten werden konnten. Zudem hatte jede Ortskirche ihre je eigenen Probleme. Das bedeutete, daß das Jesusereignis nicht nur überliefert, vielmehr im Sinne der Fragestellungen der Gemeinde interpretiert wurde. So erklärt es sich, daß Jesus Worte in den Mund gelegt werden, die er zwar sinngemäß, aber nicht *so* gesprochen hat. Die biblische Wissenschaft nennt das «Gemeindebildung» oder «Gemeindetheologie». Eine solche Gemeindebildung dürfte zum Beispiel die Ausnahmeklausel «außer wegen Unzucht» in Jesu Äußerung zur Ehescheidung (Mt 5,32; 19,9) sein. Eine entscheidende Rolle in der Bildung der Gemeindetheologie spielte indes das Ostererlebnis. Durch dieses sah die junge Kirche Gestalt und Bedeutung Jesu in völlig anderem Licht als zu seinen Lebzeiten.

Deshalb ist heute die Vorstellung aufgegeben, wir hätten in den Evangelien eine Art Jesusbiographie vor uns. Es fehlen darin so gut wie alle biographischen Angaben, die für eine Lebensbeschreibung nötig wären. Wir kennen mit Sicherheit weder das Datum der Geburt noch des Todes Jesu. Wir wissen nichts über sein menschliches Aussehen, über seinen Charakter, kaum etwas über seine Jugend und seine Familie. Das alles war für den *Glauben* an Jesus, um den allein es der jungen Kirche ging, ohne Bedeutung. Aufgeschrieben wurde das, was als nötig erachtet wurde für den Glauben, «daß Jesus der Christus ist, der Sohn Gottes». Dieser Glaube ist Leben (Joh 20,31).

Diese bearbeitete Deutung der Botschaft Jesu, wie wir sie in den Evangelien vorfinden, hat nun freilich zur Folge, daß Jesus unwahrscheinliche, ja widersprüchliche Aussagen zugeschrieben werden. Wenn Jesus etwa den Juden seiner Zeit vorwirft, sie hätten den Teufel zum Vater (Joh 8,44) – eine Stelle, die in der Judenverfolgung des Dritten Reiches eine verhängnisvolle Rolle spielen sollte –, so kann ein solches Urteil für den heutigen Christen unmöglich verbindlich sein. Deshalb hat die Bibelwissenschaft in neuerer Zeit eine unheimliche Mühe darauf verwendet festzustellen, welche Jesusworte direkt von ihm stammen, ureigentliche Worte (ipsissima verba) Jesu sind. Zwar werden wir hier nie zu einer letzten Sicherheit kommen. Übereinstimmung dürfte darin herrschen, daß wir die Botschaft Jesu am ursprünglichsten in seinen Gleichnissen vor uns haben. Die Sprache der Gleichnisse war den jüdischen Zuhörern Jesu vertraut, da auch die rabbinischen Lehrer sich ihrer reichlich bedienten. Sie bedurften deshalb auch keiner Erklärung der Gleichnisse, sie verstanden sie spontan.

Wo immer wir also in den Evangelien lesen, die Jünger hätten Jesus gebeten, ihnen das Gleichnis zu erklären, und Jesus habe dieser Bitte entsprochen, handelt es sich in Wirklichkeit nicht um eine Erklärung des Gleichnisses durch *Jesus,* sondern durch den christlichen Prediger. Denn wie sollten die Gläubigen in Ephesus, in Korinth, in Rom und wo immer in der griechisch-römischen Welt jüdische Gleichnisse verstehen? Bei näherem Zusehen zeigt sich dann freilich auch, daß schon die kirchlichen Prediger nicht selten den eigentlichen Sinn des Gleichnisses Jesu verfälscht haben. So stellt sich auch hier wieder die Frage nach der ursprünglichen Intention Jesu.

Dieser in den gesamten Evangelien nachzugehen und sie in ihrer dynamischen Kraft und Reinheit den Menschen unserer Zeit vorzutragen, ist die Aufgabe, die sich der Verfasser dieses Buches gestellt hat. Er ist von Haus aus kein Theologe und kein Exeget, sondern ein Naturwissenschaftler. Es hat sich aber in der Gegenwart mehrfach gezeigt, daß sogenannte «Laien» die Zeichen der Zeit besser verstehen und die Sprache der Zeit verständlicher sprechen als die zünftigen Theologen. Mit unermüdlichem Fleiß hat sich Herbert Ziegler unter meiner Anleitung in die wissenschaftliche Literatur eingearbeitet, die einschlägigen Arbeiten der Fachleute ausgeschöpft und sie in tiefer Gläubigkeit zu einem persönlich gestalteten und meditierten Jesusbild zusammengefügt. Er will damit seinen Mitchristen einen Dienst erweisen. Er will jenen helfen, die sich das Bekenntnis des Petrus zu eigen machen: «Herr, zu wem sollen wir gehen? Du hast Worte des ewigen Lebens» (Joh 6, 68). Ob es sich hier um ein «echtes» Petruswort handelt, tut nichts zur Sache. Jedenfalls sieht das vierte Evangelium darin, angesichts des breiten Abfalls des Volkes, die Entscheidung des Jüngers für Jesus. Bekenntnis bedeutet immer auch Entscheidung.

Herbert Haag

Erster Teil

Heute wie damals

I. Wer kann die Frage nach dem Sinn des Lebens beantworten?

Alle rationalen Versuche, auf die Frage nach dem Sinn des Lebens und nach dem, was nach dem Tod kommt und hinter der sichtbaren Welt liegt, beweisbare und unwiderlegbare Antworten zu finden, bleiben ein Suchen im Dunkel, weil unser Verstand nur unsere Erfahrungswelt zu erfassen, nicht aber deren Grenzen zu überschreiten vermag. Am Ende allen rationalen Suchens steht der Mensch als Agnostiker da und muß, wenn er ehrlich ist, bekennen: «Ich weiß, daß ich nichts weiß» – «und bin so klug als wie zuvor.»

Und die irrationalen Vorstellungen von Gott oder Göttern und Überwelt, die aus Lebensangst, aus Hunger nach Glück, Gerechtigkeit und Unvergänglichkeit oder aus Bewunderung von Ordnung und Schönheit in Natur und Kosmos geboren werden? Sie können richtig sein; aber sind sie es auch wirklich? Sie bleiben subjektive Projektionen ohne objektive Wahrheitsgarantie. Informationen über eine Welt jenseits unserer erfahrbaren Welt wären nur dann sicher, wenn sie aus der jenseitigen Welt kämen. Den Anspruch, Empfänger solcher jenseitiger Offenbarungen und deren bevollmächtigte Botschafter an die Welt zu sein, erhoben vor allem altjüdische Propheten, Jesus von Nazaret und Mohammed, die Begründer der drei Weltreligionen. Die Entscheidung, wer von diesen das Vertrauen verdient, wirklich ein authentischer Sprecher Gottes gewesen zu sein, bleibt jedem Menschen anheimgestellt. Diese Entscheidung kann der Mensch aber nur fällen, (a) wenn er die Botschaft des in Frage stehenden Sprechers Gottes kennt, und (b) wenn ihm diese Botschaft unverfälscht vorliegt.

II. Das Verdienst der geschichtskritischen Evangelienforschung

Im Falle von Jesus nun ist es das eminente Verdienst der geschichtskritischen Evangelienforschung, den geschichtlich gesicherten Inhalt der Botschaft Jesu aus den überlieferten Evangelientexten herausgeschält zu haben und uns damit in die Lage zu versetzen, zur unverfälschten Botschaft Jesu Sellung nehmen zu können.

Die geschichtskritische Evangelienforschung identifizierte große Textteile der Evangelien als mythische Erzählungen oder Ergänzungen, denen keine historischen Fakten entsprechen, und konnte auch erklären, warum und wie diese Mythen entstanden sind. Trotz unüberwindlich scheinender Schwierigkeiten, trotz Irrwegen und trotz Enttäuschung überspitzter Erwartungen, die in die geschichtskritische Evangelienforschung gesetzt wurden, gelang es ihr jedoch, aus den überlieferten Texten den geschichtlichen Jesus und seine geschichtlich gesicherte Botschaft herauszufinden und vom mythischen Überlieferungsmaterial abzugrenzen.

Eugen Drewermann hat den tiefenpsychologisch erschließbaren Reichtum des urmenschlichen Mythos in den Evangelien und dessen Bedeutung als geeigneten Zugang zur Botschaft Jesu erkannt, aber betont, daß es sich um Mythos und nicht um historische Berichte handelt, und damit die Bedeutung unterstrichen, die der Identifizierung des historischen Jesus und seiner historischen Botschaft zukommt. Der Konflikt Drewermanns mit der Amtskirche hat allerdings gezeigt, wie weit sich das Christentum der klerikalen Amtskirche vom Jesus der Geschichte entfernt hat.

1. Das Christentum Jesu

Jesus erhob den Anspruch, der bevollmächtigte Sprecher Gottes zu sein, stellte es aber seinen Zuhörern anheim, seiner Lehre Glauben zu schenken aufgrund ihres Inhalts und ihm selbst Glauben zu schenken aufgrund seines eigenen Lebenswandels. Die Forderung nach Wunderzeichen zur Bestätigung seiner Vollmacht lehnte er ab.

Jesus verkündete im wesentlichen folgendes: Gott ist zu den Menschen wie ein Vater, der das Glück eines jeden Menschen will. Der Mensch soll diesem Gott sein uneingeschränktes Vertrauen schenken und die Liebe Gottes erwidern durch gleiche, unterschiedslose Liebe zu jedem Mitmenschen.

Das Credo des Christentums kann demnach so formuliert werden:

Ich glaube an einen unbegreifbaren Urgrund der Welt.

Ich glaube, daß Gott, dieser unbegreifbare Urgrund der Welt, sich uns Menschen offenbart hat durch Jesus, der unter Pontius Pilatus gekreuzigt worden ist.

Ich glaube an die Botschaft Jesu, daß Gott zu uns Menschen wie ein Vater ist und unser Glück will.

Ich glaube, daß Gott den gekreuzigten Jesus zu ewigem Leben geweckt und zu seinem Bevollmächtigten für die ganze Menschheit erhoben hat.

Ich glaube, daß Gott mit Jesus auch uns zu ewigem Leben in endgültiger Glückseligkeit zu sich laden wird.

Ich will diesem menschenfreundlichen Gott mein uneingeschränktes Vertrauen schenken und meine tiefe Dankbarkeit erweisen, indem ich mich bemühe, wie Gott selbst und wie Jesus zu jedem Mitmenschen gut zu sein, auch zu dem, der mir unfreundlich gesinnt ist oder Übles getan hat, und so zur Ankunft des Gottesreiches beizutragen, das Jesus verkündet hat.

2. Das Christentum der klerikalen Amtskirche

Jesus hinterließ eine Bewegung mit dem Auftrag, seine göttliche Botschaft allen Menschen zu verkünden. Daraus entstand aber die Kirche, eine Institution und Organisation, die zunehmend Vorstellungen und Kompetenzen entwickelte, die weder auf Jesus zurückgehen noch zwingende Konsequenzen seiner Lehre sind, sondern Zutaten, auch Zutaten, die zu seiner Lehre in Widerspruch stehen.

Wenn die Evangelien für Jesus die Bezeichnung «Sohn Gottes» gebraucht haben, dann muß daran erinnert werden: «Sohn Gottes» bedeutete in der jüdischen Literatur «der Auserwählte, Gehorsame, Gesetzestreue Gottes, der eschatologische Bote Gottes». Nur in diesem Sinn war für die ersten jüdischen Christengemeinden Jesus «Sohn Gottes». Aber in den hellenistischen Christengemeinden wurde Jesus allmählich zum Sohn Gottes im ontologischen Sinn gemacht. Und die Kirche stellte dann die Glaubenssätze auf, Jesus sei nicht nur ein Mensch gewesen, sondern auch wahrer Gott, und Gott bestehe aus drei Personen, aus Gott-Vater, aus Gott-Sohn, der in Jesus Mensch geworden sei, und aus Gott-Heiligem Geist.

Damit hat die Kirche einen Graben aufgerissen, der sie bis heute nicht nur von den Juden und vom jüdischen Gottesglauben, sondern, was noch erschreckender ist, von Jesus selbst trennt.

Abgesehen von den unheilvollen und brutalen Auseinandersetzungen, die mit diesen Dogmen verbunden waren, verscherzte sich die Kirche dadurch unter anderem auch die historische Chance, den heute islamischen Völkern das Evangelium Jesu zu verkünden. Mohammed, der ursprünglich keine neue Religion gründen, sondern den polytheistischen Stämmen Arabiens einfach den Eingottglauben bringen wollte und dazu bei Juden- und Christengemeinden in Arabien Orientierung suchte, war entsetzt über die christliche Trinitätslehre und schuf den Islam. Im Koran verkündete er in der Sure 112: «Allah ist der alleinige, einzige und ewige Gott. Er zeugt nicht und ist nicht gezeugt, und kein Wesen ist ihm gleich.» Und in der Sure 4, 171, die in alter kufischer Schrift im Rundgang des Felsendomes in Jerusalem steht, wendet er sich an die Christen: «Überschreitet nicht die Grenzen eurer Religion und sagt nichts anderes von Allah, als was wahr ist. Wahrlich, der Messias Jesus... ist ein Gesandter Allahs... Glaubt daher an Allah und seinen Gesandten, redet aber nicht von einer Dreiheit (= Dreieinigkeit).»

Dogmen wie die von der Dreieinigkeit Gottes und von der Gottheit Jesu waren pseudorationale, byzantinistische Konstruktionen. Wenn man sich diesen Sachverhalt einmal ganz nüchtern und ohne den Nimbus heiliger Ehrfurcht, den die jahrhundertelange Tradition um diese Dogmen gelegt hat, vor Augen hält, wird man sich erst bewußt, welche Ungeheuerlichkeit und Vermessenheit eigentlich hier vorliegt, und erschrickt: Die Kirche verlangt von ihren Gläubigen den zweifelsfreien Glauben an Vorstellungen von Gott, die nur Glauben verdienen könnten, wenn sie von Gott selbst den Menschen offenbart worden wären, die aber in Wirklichkeit nur Gedankenkonstruktionen von Theologen waren. Die Kirche verlangt also von ihren Gläubigen zweifelsfreien Glauben an Vorstellungen, die haltlos in der Luft hängen; aber nicht nur das, sie macht von diesem Glauben sogar das ewige Heil ihrer Gläubigen abhängig und droht ihnen: «Wenn ihr daran nicht glaubt oder auch nur daran zweifelt, kommt ihr in die ewige Hölle.» Hat Mohammed unrecht, wenn er das in der Sure 9, 30 eine Sünde nennt?: «Die Christen sagen, Christus ist der Sohn Gottes... Gott wird sie ihrer Sünden wegen strafen.»

Und ähnlich ist es auch mit anderen Glaubenssätzen der Kirche:

Jesus hat nie zu einem Menschen gesagt: «*Ich* vergebe dir deine Sünden», sondern: «Gott hat dir deine Sünden vergeben»

(Mk 2, 5) und: «Wenn ihr zum Beten getreten seid, aber gegen jemanden etwas habt, vergebt zuerst, dann wird Gott, euer Vater, auch euch eure Verfehlungen vergeben» (Mk 11, 25). Aber die Kirche ermächtigt den Priester, in der Beichte an Jesu Statt zum Gläubigen zu sagen: «*Ich* spreche dich von deinen Sünden los.»

Als Jesus beim Abschiedsmahl am Vorabend seiner Hinrichtung seinen Schülern nach jüdischem Paschabrauch das ungesäuerte Brot reichte, gab er ihnen sein persönlichstes Geheimnis preis, indem er sich mit dem Brot, dem Quell von Leben und Heil, verglich: Daß er nach Gottes Willen das Heil für alle Menschen ist. Und der feierliche Bruderschaftstrunk, zu dem Jesus im Antlitz seines unmittelbar bevorstehenden Todes seinen Schülern den Becher mit Wein reichte, galt dem Bund Gottes mit allen Menschen, den er, Jesus, mit seinem Blut besiegeln werde.

Aus diesem denkwürdigen, heilige Ehrfurcht gebietenden Abschiedsvermächtnis Jesu aber machte die Kirche das Dogma, Jesus habe Brot in seinen Leib, und Wein in sein Blut verwandelt, und jedem Priester sei von Jesus in unterbrochener Folge seit den Aposteln die magische Kraft vererbt worden, an Jesu Stelle das gleiche Wunder zu bewirken.

Jesus ging in den Tod, weil er zu seiner Botschaft stand, und weil er an den göttlichen Auftrag seiner Botschaft bis in den Tod glaubte. Sein Tod war der überzeugendste Beweis, den Jesus für seine eigene Wahrhaftigkeit und für die Wahrheit seiner Botschaft erbringen konnte.

Aber die Kirche interpretierte die Kreuzigung Jesu als Sühneopfer für die Sünden der Menschheit zur Versöhnung des beleidigten Gottes; Gott habe nur durch seinesgleichen, durch das Opfer seines göttlichen Sohnes, versöhnt werden können: also durch ein Menschenopfer, ein Gottesopfer. Welch ein Abgrund zum Bild, das Jesus von Gott in seiner Parabel vom Vater des verlorenen Sohnes gezeichnet hat!

Die bestürzenden Vergleiche zwischen Jesus und dem Christentum der klerikalen Amtskirche könnten fortgesetzt werden. Es soll genügen, in Stichworten eine Reihe von Ärgernissen aufzuzählen, die von Kirchenmännern zu einer Ghettomauer um die Kirche aufgetürmt wurden, immer zahlreichere Christen zum Austritt aus der Kirche veranlassen und Christen und Nichtchristen den Zugang zur unverfälschten Botschaft Jesu versperren:

Kreuzzüge, Inquisition und Kolonisation. Intoleranz und Opposition gegen Gewissensfreiheit und Menschenrechte. Macht und Triumphalismus der Kirche.

Unfehlbarkeit, Gottesstellvertreterschaft und Primat des Papstes, menschliche «Theokratie» anstatt Demokratie in der Kirche.

Dogmatismus (Jungfrauengeburt Jesu, Unbefleckte Empfängnis Mariens, Auferstehung des Leichnams Jesu, leibliche Aufnahme Mariens in den Himmel usw.).

Patriarchalismus und Stellung der Frau in der Kirche.

Sexualmoral, Ehescheidung und Verhalten gegenüber Geschiedenen, Zölibat der Priester.

Klerikalismus, Zweiklassensystem Priester/Laien. Zentralismus und Bischofsernennungen.

Keine Freiheit theologischer Forschung, unfaires Verhalten gegenüber dissidenten Theologen.

Kein Ökumenismus, Ablehnung interkonfessionaler Abendmahlgemeinschaft.

3. Vom Christentum der klerikalen Amtskirche zum Christentum Jesu

Gibt es einen Weg vom Christentum der klerikalen Amtskirche zum Christentum Jesu? Ich denke, ja, und zwar folgende zwei: den ersten in der Kirche von unten, und den zweiten in der Kirche von oben. Beide müssen sich ergänzen.

In der Kirche von unten

Das vorliegende Buch bietet eine allgemein verständliche Darstellung der geschichtskritischen Evangelienforschung und ihrer umwälzenden Erkenntnisse sowie einen geschichtlich gültigen Text des Evangeliums, so wie es Jesus seinen Zeitgenossen – nicht im Wortlaut, aber dem Inhalt nach – verkündet hat.

Wenn die Gläubigen und der Pfarrer oder Pastor einer Gemeinde dieses Buch lesen, wird es in dieser Gemeinde bald keine Predigt mehr geben, die am Leben der Zuhörer vorbei und von einem unhistorischen Jesus redet, sondern die Frohbotschaft Jesu verkündet, die ins Leben eingreift, die von allen Ängsten befreit und den Gemeindemitgliedern Geborgenheit, neue Lebenskraft und die Gewißheit in den Alltag mitgibt, daß das Leben lebenswert ist.

Und wenn anfangs nur wenige Gemeindemitglieder dieses Buch gelesen haben, werden sie im Rahmen eines Bibelkreises in Diskussionen anhand dieses Buches sicher bald die Zustimmung und Bereitschaft finden, die Gottesdienste von den langweiligen Verkrustungen zu befreien.

Je mehr Gemeinden so handeln, desto schneller und desto unausweichlicher werden auch die verantwortlichen Kirchenmänner Stellung nehmen müssen.

Der Weg vom Christentum der klerikalen Amtskirche zum Christentum Jesu ist für konservative Kirchenmänner allerdings kein leichter. Nur wer selbst klerikal erzogen wurde, in klerikaler Umgebung aufwuchs und gelebt hat und sich erst dann aus dieser tief eingewurzelten Befangenheit zu einer unabhängigen Persönlichkeit befreit hat, vermag den Wagemut und die Kraft zu ermessen, deren es bedarf, eine solche Wende der Christenheit auszulösen. Kann die Kirche Abschied nehmen von so vielem, was ihr Jahrzehnte oder Jahrhunderte lang wesentlich schien? Bedeutet das für konservativ denkende Gläubige nicht den totalen Zusammenbruch ihrer Glaubenswelt?

Aber auch Jesus hat von den Religionsführern seines Volkes gefordert, von der Überlieferung Abschied zu nehmen, die der Thora, dem heiligen Gesetz der Juden, einen Platz einräumt, der nur Gott gebührt. Die verantwortlichen Kirchenmänner von heute sind in einer ähnlichen Lage wie die Pharisäer zur Zeit Jesu. Pointiert formuliert, lautete Jesu Alternative an die Pharisäer: Thora oder Gott; und die Alternative für die Amtskirche heute lautet: Kirche oder Jesus. Heute geht es um Dogmen, welche die Kirche unter Berufung auf ihre gottgegebene Autorität aufgestellt hat und den Gläubigen als tragende Pfeiler des christlichen Glaubensgebäudes darstellt. Der Inhalt dieser Dogmen und die Disputationen der Theologen darüber interessieren allerdings die Christen recht wenig oder überhaupt nicht mehr.

In der Gegenüberstellung des Christentums der klerikalen Amtskirche und des Christentums Jesu geht es im Grunde auch gar nicht um die Inhalte dieser Dogmen, sondern um die Frage, lehrt die Kirche dasselbe, was Jesus gelehrt hat, ja oder nein. Diese entscheidende Frage ist also keine theologische Frage, sondern eine historische. Die Berufung der Kirche auf die kirchliche Tradition ändert nichts an der Frage. Dann wäre eben zu beweisen, daß die Tradition mit der Lehre Jesu identisch ist oder sich zwingend aus ihr ableitet.

Die historische Frage: «Ist die Lehre der Kirche identisch mit der Lehre Jesu?», sollte leichter zu beantworten sein als theologische Fragen. Denn theologische Argumentationen liegen außerhalb des rationalen Bereiches; theologische Ansichten und Gegenansichten könnten sich deshalb unüberbrückbar gegenüberstehen. In der Frage nach dem Jesus der Geschichte und seiner tatsächlich verkündeten Botschaft hingegen muß es möglich sein, in rationaler Argumentation zu einem Konsens zu kommen. Oder hat die Amtskirche Angst, den Bereich der Souveränität ihrer rational nicht diskutierbaren Unfehlbarkeit zu verlassen und den historischen Bereich zu betreten?

Ist es auch diese Angst, warum die Amtskirche noch immer zu den umwälzenden Erkenntnissen schweigt, zu denen die geschichtskritische Evangelienforschung nach mehr als 200 Jahren Arbeit gekommen ist? Die Amtskirche hat zwar die Ziele und Bemühungen der geschichtskritischen Evangelienforschung prinzipiell gebilligt und empfohlen, aber auch dies nur mit dem Vorbehalt, daß deren Ergebnisse kirchlichen Dogmen nicht widersprechen.

Ich beschwöre die Amtskirche, daß sie ihr überlegenes Selbstbewußtsein eigener Unfehlbarkeit beiseitelegt und sich ohne Vorbehalt dem Jesus der Geschichte stellt und unterwirft. Dies ist wohl die größte Herausforderung, vor die sich die Kirche je gestellt sah; sie ist epochaler als der Fall Galilei. Es geht diesmal wieder um die Bibel, aber nicht um die Frage, ob die Sonne oder die Erde im Mittelpunkt steht, sondern um die Frage, ob die Dogmen der Kirche oder die Botschaft Jesu, ob die Kirche oder Jesus im Mittelpunkt steht. Und diesmal sollte sich die Kirche nicht mehr die Rolle der Richterin oder gar der Anklägerin anmaßen, sondern als demütige Nachfolgerin Jesu für die Wahrheit Zeugnis ablegen.

Die Kirche hat sich im Zweiten Vatikanischen Konzil mit ihrem mutigen Aggiornamento-Programm der Welt von heute zugewandt und damit einen revolutionären Schritt gewagt. Aber noch dringlicher ist jetzt dieser zweite revolutionäre Schritt: Daß sich die Kirche vorbehaltlos dem Jesus der Geschichte und seiner Botschaft zuwendet und unterwirft.

Es wäre schlimm, unverzeihlich schlimm, wenn sich die Kirche dieser Unterwerfung versagen würde. Damit würden sich die verantwortlichen Kirchenmänner in die Lage der Schriftgelehrten versetzen, zu denen Jesus gesagt hat: «Wehe euch, Schriftgelehrte! Ihr bürdet den Menschen unerträgliche Lasten auf und nehmt sie ihnen nicht ab, obwohl dazu ein Wink mit dem Finger genügte» (Mt 23,4; Lk 11,46). «Wehe euch, ihr Heuchler! Ihr versperrt den Menschen das Gottesreich» (Mt 23,13).

Es ist nur zu hoffen, daß die Amtskirche die Einsicht, den Mut und die Demut hat, ihre Verantwortung der Stunde wahrzunehmen, die größte Herausforderung in ihrer Geschichte anzunehmen und zu bekennen: «Erravimus, wir haben geirrt.» Reinhold Stecher, Bischof von Innsbruck, hat am 4. Oktober 1991 gesagt: «Dieses Wort vermisse ich in der Kirchensprache.»

Wenn aber die Kirche den Mut aufbringt zum Eingeständnis, geirrt zu haben, wird sie nicht nur nicht ihr Gesicht verlieren, sondern ein menschliches, ein menschlich gewinnendes Antlitz wiedergewinnen, sie wird gegen ihre angebliche Unfehlbarkeit die verlorene Glaubwürdigkeit eintauschen. Dann wird nicht nur in die Kirche ein Frühling einziehen. Ein solches Bekenntnis von Demut, Wahrhaftigkeit und Toleranz könnte zu einer Umwälzung weit größerer Dimension führen. Es könnte sein, daß das Christentum wieder zu einer offenen Bewegung wird. Es könnte sein, daß die Botschaft Jesu auch in Moscheen und in Synagogen verkündet wird; sie wurde ja von Jesus selber in Synagogen verkündet, und sie wurde von Mohammed gläubig angenommen. Es könnte sein, daß sie ganz neue Hörer und

Schüler findet, die mit dem klerikalen Christentum nichts anzufangen wissen. Die unverfälschte Botschaft Jesu könnte das Antlitz unserer Welt verändern.

Zweiter Teil

Auf der Suche nach dem historischen Jesus

I. Rückfrage nach Jesus

Die Rückfrage nach dem historischen Jesus ist eine berechtigte und für viele eine entscheidende Frage. *Eine berechtigte Frage* für jedermann, weil Jesus der Ursprung einer Bewegung war, die zu einem wichtigen Faktor in der Weltgeschichte wurde. Und *eine entscheidende Frage* für den Christen, weil er glaubt, daß Jesus der bevollmächtigte Sprecher Gottes war. Für ihn hat die Rückfrage nach dem authentischen Jesus nicht nur historisches Interesse, sondern existenzielles Gewicht: ‹Authentische Botschaft Jesu› bedeutet für ihn ‹Botschaft Gottes›. Und eine entscheidende Frage ebenfalls für denjenigen, der Klarheit gewinnen möchte, ob Jesus der bevollmächtigte Sprecher Gottes gewesen sein könnte oder es sogar gewesen ist.

Der Christ, der ‹Christ-Sein› als Nachfolge Jesu versteht, erwartet mit seiner Rückfrage nach Jesus auch eine vorgelebte fundamentale Verhaltensorientierung. Und schließlich hat der Christ auch ein Recht auf diese Rückfrage, wenn er sich ein Bild darüber machen möchte, ob die Kirche, der er angehört, in Praxis und Lehre den Spuren des historischen Jesus folgt.

Die Rückfrage nach dem historischen Jesus, sei es nun bloß aus historischem Interesse oder aus existenziellem Bedürfnis, ist das Thema dieses Buches.

II. Geschichtliche Quellen über Jesus

Die Rückfrage nach Jesus ist eine geschichtliche Frage, deren Beantwortung nur mit Hilfe geschichtswissenschaftlicher Methoden versucht werden kann. Zunächst müssen also die geschichtlichen Quellen über Jesus, möglichst zeitgenössische oder doch möglichst zeitnahe Dokumente gesammelt werden. Aber hier liegt bereits eine erste Schwierigkeit:

Quellen über Jesus aus der Zeit seiner eigenen Generation gibt es überhaupt nicht. In den Jahren 1947–1967 wurden in Felshöhlen von Qumran am toten Meer Pergamentschriftrollen gefunden, die aus dem ersten vorchristlichen und dem ersten nachchristlichen Jahrhundert stammen. Die Schriftrollen enthalten neben biblischer Literatur Material einer jüdischen Glaubensgemeinschaft, vermutlich der Essener, in dem sich aber kein Hinweis auf Jesus findet.[1]

An gesicherten neutralen Quellen aus der Zeit der nachfolgenden Generation Jesu gibt es lediglich zwei knappe Hinweise:

Vom römischen Geschichtsschreiber Tacitus (ca. 50–116 n. Chr.) in seinen ‹Annalen› (XV, 44): «Um das Volksgerede auszuräumen (den Brand in Rom im Jahr 64 n. Chr. habe Nero angeordnet), schob Nero Leute als die Verantwortlichen vor, die das Volk wegen ihres üblen Rufes haßte und die es Christen nannte, und verhängte über sie ausgesuchteste Strafen. Christus, von dem dieser Name herrührt, war unter Kaiser Tiberius durch den Procurator Pontius Pilatus hingerichtet worden.»

Vom jüdischen Geschichtsschreiber Josephus Flavius (37/38–100 n. Chr.) in seinen ‹Antiquitates Iudaicae› (XX, 200): «Ananos, der ... das Amt des Hohenpriesters innehatte, ... erhob gegen den Bruder von Jesus, des sogenannten Christus, – sein Name war Jakobus – und gegen einige andere Anklage wegen Staatsverbrechen und überantwortete sie zur Hinrichtung durch Steinigung (62 n. Chr.).»

III. Fragwürdigkeit der Evangelien

Die ergiebigen Quellen über Leben und Lehre von Jesus stammen ausschließlich von christlichen Verfassern. Praktisch sind es nur die Evangelien* von Markus, Matthäus und Lukas.[3]

Da es sich bei ihnen um Berichterstatter in eigener Sache handelt, bestehen allerdings berechtigte Bedenken hinsichtlich der Objektivität ihrer Berichte.

In diesen Evangelien gibt es in der Tat vieles, was den kritischen Leser irritiert, der die geschichtliche Wahrheit über Leben und Lehre Jesu erfahren will. Die Evangelien berichten, Jesus sei Gottes Sohn gewesen, er sei nicht von einem Mann gezeugt worden, sondern von einer Jungfrau geboren worden, er habe Tote zum Leben erweckt, Aussätzige geheilt, Brote und Fische tausendfach vermehrt, und schließlich sei er nach seinem Tod am Kreuz aus dem Grab auferstanden und in den Himmel entschwebt. Die Evangelien berichten, Jesus habe die ‹Frohbotschaft› von einer neuen glücklichen Welt verkündet, gleichzeitig aber habe er einen grauenvollen Weltuntergang prophezeit und Verfluchungen ausgesprochen; er habe für den Frieden plädiert und zugleich für das Schwert; er habe Gott als einen zärtlich liebenden Vater beschrieben, der Gute und Böse gleichermaßen liebe, zugleich aber die Bösen in eine ewige Hölle werfe; und schließlich sei Jesus zur Versöhnung dieses

---

* Das griechische Wort ‹Euangelion›, das heißt ‹Gute Botschaft›, bezeichnete ursprünglich die Erlasse göttlich verehrter Herrscher. Im Christentum wurde es dann für die Botschaft Jesu verwendet und zwar nicht nur für die Botschaft, die Jesus verkündet hat, sondern auch für die Botschaft, welche die Urkirche über Jesus verkündet hat,[2] und in der Folge auch für die Schriften über Jesu Botschaft und Leben.

liebenden Gottes mit den sündigen Menschen am Kreuz als Menschenopfer gestorben.

Können diese Evangelien als Quelle zu geschichtlicher Wahrheitsfindung dienen? Erschwerend kommt hinzu, «daß die gesamte urchristliche Literatur, abgesehen von den Evangelien, sowohl die Lehre als auch die Geschichte Jesu fast vollständig ignoriert», und daß «der christliche Glaube nicht mit dem Glauben beziehungsweise der Verkündigung Jesu identisch ist.»[4] Also ein ganzer Berg von Schwierigkeiten für den, der von den Evangelien zum historischen Jesus und seiner Botschaft vorstoßen will.

IV. Die geschichtskritische Evangelienforschung[*]

1. Erster Ansatz

All diese Schwierigkeiten existierten nicht, solange die Menschen getreu der Lehre der Kirche die Evangelientexte für Dokumente hielten, die auf Eingebung Gottes geschrieben wurden, die also unfehlbar wahr sind und auch in ihrem wörtlichen Sinn von keinem Menschen angezweifelt werden können. Gegen diese Unantastbarkeit der Evangelien erfolgte ein unerhörter ‹Paukenschlag›[5], als 1774–1778 Gottfried Ephraim Lessing, damals Bibliothekar in Wolfenbüttel, die ‹Fragmente des Wolfenbüttelschen Unbekannten› herausgab. Darin veröffentlichte er eine bis dahin geheimgehaltene Studie des 1768 verstorbenen Philosophen und Theologen Hermann Samuel Reimarus, Professor für orientalische Sprachen in Hamburg, in der dieser im Sinne der Aufklärung die Evangelien einer von Dogma und kirchlicher Lehre unabhängigen Vernunftanalyse unterzog, um so die geschichtliche Wahrheit über Jesus aufzufinden.[**]

---

[*] Für die Forschung, welche die Evangelientexte hinsichtlich ihrer Geschichtlichkeit untersucht, hat sich die Bezeichnung ‹historisch-kritische› Evangelienforschung eingebürgert. Diese Bezeichnung kann allerdings in dem Sinn mißverstanden werden, es solle damit der besonders kritische Charakter dieser historischen Forschung unterstrichen werden. Deshalb möchte ich lieber die Bezeichnung ‹geschichtskritische› Evangelienforschung wählen, so wie die Forschung, welche die Evangelien hinsichtlich Text oder Form untersucht, ‹textkritische› beziehungsweise ‹formkritische› Evangelienforschung genannt wird.

[**] Das hatte den Konflikt Lessings mit dem Hamburger Hauptpastor Goeze zur Folge und schließlich das vom herzoglichen Hof von Braunschweig gegen Lessing verhängte Verbot, theologische Schriften zu veröffentlichen. Auf dieses Verbot reagierte Lessing mit der Abfassung von ‹Nathan der Weise›, der 1779 erschien.

Die Hypothese von Reimarus läßt sich so zusammenfassen: Jesus hielt sich für einen irdisch-weltlichen Messias, der die Religion seines Volkes sittlich vertiefen wollte, ein nahes ‹Reich Gottes› ankündigte, sich aber mit der Führerschicht seines Volkes überwarf, deshalb scheiterte und schließlich hingerichtet wurde. Die Apostel haben dann aus dem Mißerfolg Jesu und dem Zusammenbruch ihrer eigenen Hoffnungen einen Erfolg zu machen verstanden, der aber ganz im Gegensatz zu dem stand, was Jesus gesagt und gewollt hatte. Mittels der betrügerischen Behauptung, Jesus sei von den Toten auferstanden, schufen sie das Glaubenssystem einer neuen Religion und machten Jesus, der selbst nur Träger seiner Botschaft gewesen war, zum inhaltlichen Zentrum eines neuen Glaubens. Jesus, der Verkünder, wurde so zum Christus, dem Verkündeten. Diese Darstellung erwies sich zwar in der Folge als unhaltbar, aber Reimarus war «ein Mann mit sicherem Gespür für die historischen Fragen». «Es ist erstaunlich, wieviel er gesehen oder auch erahnt hat.»[6] Namentlich die von ihm aufgedeckte Polarität zwischen dem historischen Jesus und dem verkündeten Christus ist ein Thema, das die durch seine Studie eingeleitete Evangelienforschung bis heute beschäftigen sollte.

Es gehört nicht in den Rahmen dieses Buches, den Labyrinthweg der von Reimarus ausgelösten geschichtskritischen Evangelienforschung zu beschreiben. Was uns hier interessiert, sind ihre Endergebnisse, zu denen ihre mehr als zweihundertjährigen Bemühungen geführt haben: (a) ihre Analysen, (b) ihre Kriterien für die historische Wahrheit von Erzählungen über Jesus und für die historische Echtheit von Aussagen in seiner Botschaft sowie (c) ihr heutiger Erkenntnisstand.

2. Grundlegende Analysen[7]

Textanalyse[8]

Die erste Voraussetzung für einen Vorstoß von den Evangelientexten zum historischen Jesus ist die Gewißheit, über den Urtext der Evangelien zu verfügen. Da aber von keinem der drei Evangelien die Urschrift erhalten ist, war es erforderlich, aus den zahlreichen Handschriften, die erhalten sind, den Urtext so genau wie möglich zu ermitteln.[*]

Dazu wurde zunächst durch Vergleich der Handschriften miteinander die bestbezeugte Lesart ermittelt. Aus dem Alter der einzelnen Handschriften (aus Schriftform und Schreibmaterial ableitbar), aus Gleichheit, Ähnlichkeit und Verschiedenheit der Lesarten ließen sich Verwandschaften, Abhängigkeiten und Einflüsse der einzelnen Handschriften untereinander auffinden. Dabei ist der Qualität der einzelnen Lesarten mehr Gewicht beizumessen als ihrer Häufigkeit und ihrem Alter. Unter den so bestbezeugten Lesarten ist dann im allgemeinen jene als die wahrscheinlich ursprünglichste anzusprechen, (a) aus der sich die Entstehung der anderen erklären läßt, (b) welche die kürzeste ist (weil nachträgliche Ergänzungen wahrscheinlicher sind als Streichungen), (c) welche mit dem Kontext in Einklang steht, (d) welche unter Umständen die schwierigste ist (weil an einer solchen Lesart kaum Änderungen vorgenommen werden).

So konnte die Textanalyse den Wortlaut der Evangelien in ihrer ursprünglichsten erreichbaren Lesart mit größtmöglicher Genauigkeit ermitteln.[9]

---

[*] Die ersten textkritischen Studien zum Neuen Testament verfaßte der französische Theologe und Oratorianer Richard Simon (1638–1712). Seine Schriften wurden großenteils von der Kirche verurteilt.

Literaranalyse [10]

Die Literaranalyse untersuchte die Evangelien in ihrem Verhältnis zueinander und versuchte durch Vergleich der Texte deren Abhängigkeitsverhältnisse untereinander und deren Entstehungsverhältnisse aufzuklären.

Formanalyse [11]

Die Formanalyse untersuchte die von der Literaranalyse ermittelten kleinsten interpretierbaren Textstücke, die den Evangelienverfassern vorlagen, nach ihrer Form (als Gespräche, Reden, Erzählungen, Gleichnisse, Anweisungen) und nach ihrem inhaltlichen Charakter. Es ist ein kaum zu überschätzendes Verdienst der formanalytischen Forschung, daß sie hinsichtlich des inhaltlichen Charakters die folgenden Tatsachen als unerläßlich für eine richtige Interpretation der Evangelien erkannt hat:

a) Der Zweck der Evangelien war nicht geschichtliche Berichterstattung, sondern Glaubensverkündigung (‹Kerygma›) und Glaubensbekenntnis. Sie erfüllten katechetische, liturgische und apologetische Bedürfnisse der frühchristlichen Gemeinden.

b) Die Texte wurden zu einer Zeit vorkritischer, ‹narrativer Kultur› geschrieben: Abstrakte Themen, zum Beispiel Eigenschaften von Personen, die der Verfasser beschreiben wollte, wurden von ihm nicht direkt definiert, sondern in der Form fiktiver Erzählungen lebendig illustriert. Es wäre also falsch und irreführend, bei solchen Erzählungen nach der ‹historischen Faktizität› zu suchen. «So wird im Zusammenhang mit den Wundergeschichten von Jesus die primäre Frage nicht sein dürfen: Hat Jesus nun wirklich diese Wunder gewirkt?, sondern: Welches ist deren Bedeutung?... Erst wenn dies deutlich gemacht ist, kommt in zweiter Linie die Frage nach dem, was im Leben Jesu historisch diesen Wundergeschichten entspricht.

Erst in dritter Linie wird dann die Frage relevant, welche Wunder oder Zeichen Jesus tatsächlich gewirkt hat.»[12]

Diese Erkenntnis der Evangelienforschung hätte der Christenheit viel Gewissensnot und tragische Auseinandersetzungen ersparen können.

c) Die Texte wurden in der Sprache und in den Vorstellungen des jüdisch-hellenistischen Erfahrungs- und Verstehenshorizonts, des sogenannten ‹kulturellen Situationskontextes› der Verfasser formuliert, der sich sehr von dem unseren unterscheidet.[13] Um die Sprache dieser Texte zu verstehen und deren Sinn zu erfassen, muß man zuerst Klarheit über den Erfahrungs- und Verstehenshorizont der damaligen Zeit erlangen.

Traditionsanalyse[14]

Die Traditionsanalyse befaßte sich mit dem geistigen Inhalt der für uns fremdartigen judaischen Traditionen, die sich hinter Begriffen der Evangelien wie ‹Christus›, ‹Herr›, ‹Menschensohn›, ‹Sohn›, ‹Sohn Gottes› verbergen. Diese Kenntnis war zur Interpretation der Begriffe und der Textteile, in denen sie vorkommen, unerläßlich, und sie erlaubte, sich ein Bild über Situation und Richtung der Spiritualität der Christengemeinden zu machen, in deren Schoß die Evangelientexte entwickelt und dann verfaßt wurden.

Redaktionsanalyse[15]

Die Redaktionsanalyse befaßte sich mit den theologischen Leitgedanken, die der Redaktion der Verfasser zugrundelagen, und mit den daraus resultierenden Gesichtspunkten, nach denen sie das ihnen vorliegende Material ausgewählt, zusammengestellt und verarbeitet haben.

3. Kriterien für die historische Wahrheit [16]

Im folgenden sollen die wichtigsten Kriterien besprochen werden, mit denen die geschichtskritische Evangelienforschung gearbeitet hat, um zu entscheiden, ob die jeweiligen Worte und Begebenheiten Jesu historisch echt sind oder ob sie zum Beispiel von ‹kerygmatischen› Ergänzungen der Urgemeinden, das heisst von Erwägungen für die Glaubensverkündigung, übermalt sind. [17]

Das Kriterium störender Überlieferungen

Schillebeeckx hält das ‹Kriterium störender Überlieferungen› (auch ‹redaktionsgeschichtliches Kriterium› genannt) für das wertvollste, weil es am wenigsten mit Hypothesen arbeitet. Es besteht in folgender Überlegung:

Jedes Evangelium hat seine eigene theologische Auffassung und Grundtendenz. Wenn es nun Material überliefert, das nicht besonders gut in seine eigene Konzeption paßt, darf dies als eine ‹Verbeugung› vor so einem Traditionsgut angesehen werden, das zu ehrwürdig war, als daß es hätte verschwiegen werden können. Dann ist die Annahme berechtigt, solche ‹störende Überlieferungen› als unantastbare historische Erinnerungen anzusprechen. [18]

Das Kriterium der doppelten Abgrenzung

Das ‹Kriterium der doppelten Abgrenzung› sieht das, was weder aus dem Judentum abgeleitet noch dem Urchristentum zugeschrieben werden kann, als Jesus-echt an. [19] Dieses Kriterium der Nicht-Rückführbarkeit eines Evangeliumlogions weder auf jüdisches noch auf frühchristliches Denken «wird in gewisser Hinsicht verstärkt, wenn das Urchristentum mit bestimmten Traditionen nichts Rechtes anzufangen weiß und trotz dieser

Ratlosigkeit die Tatsache nicht verschweigt, sondern trotz unterschiedlicher Interpretationen doch weitergibt».[20] Der Bereich der Textteile, auf die dieses Kriterium angewendet werden kann, ist naturgemäß begrenzt. Denn alle jene Worte und Taten, in denen Jesus Übereinstimmung mit jüdischem Denken zeigt, können sehr wohl echt sein.

Da dieses Kriterium vor allem auf die Vertreter der Formanalyse (siehe S. 35) zurückgeht, erhielt es auch den für den Außenstehenden nicht recht verständlichen Namen ‹formgeschichtliches Kriterium›.

Das Kriterium mehrfacher Überlieferung

Das ‹Kriterium mehrfacher Überlieferung› (‹Criterion of multiple attestation›) geht von der Überlegung aus, daß solche Logien, die in mehreren, literarisch voneinander unabhängigen Formen (z.B. als Parabeln, katechetische oder liturgische Texte) vorkommen, auf ein hohes Alter und auf eine grundlegende Übereinstimmung in der urchristlichen Tradition hinweisen. «Eine solche Einmütigkeit gibt der Echtheit eines Logions (Textteiles) sichtlich Gewicht.»[21]

Das Kriterium inhaltlicher Konsistenz

Das Kriterium inhaltlicher Konsistenz besagt, daß ein zu analysierendes Einzellogion historisch echt ist, wenn es sich in das wissenschaftlich-historische Gesamtbild von Jesus, das aus den bereits kritisch untersuchten Details erarbeitet werden konnte, einfügen läßt.

Zusammenfassend läßt sich sagen, daß diese Kriterien – sofern sie positiv als Echtheitskriterien, und nicht negativ als Unechtheitskriterien angewendet werden – die Unterscheidung erlauben zwischen:

a) «Worten und Taten aus dem Leben Jesu, die noch ziemlich sicher und rein in den Evangelien zum Vorschein kommen;

b) Elementen aus dem Leben Jesu, die mit einer kirchlichen Aktualisierung schon so vermischt sind, daß man nur im allgemeinen sagen kann, daß ihr Kern auf Jesus zurückgeht und daß deshalb authentisch-historische Reminiszenzen dabei offensichtlich eine Rolle spielen;

c) Worten und Taten, die nicht vom irdischen Jesus gesagt oder vollbracht sind, sondern in denen die Gemeinde, sie ihm zuschreibend, zum Ausdruck bringt, was Jesus für sie in Erinnerung an seine irdischen Lebenstage konkret bedeutet».[22]

4. Heutiger Erkenntnisstand

Entstehung der Evangelien

Über die Entstehung der Evangelien ist die Forschung zu folgenden Erkenntnissen gelangt:[23] Es gab ungefähr 50 Evangelien. Davon wurden von der Kirche in der Zeit bis 400 n. Chr. nur die Evangelien von Matthäus, Markus, Lukas und Johannes (als ‹kanonisch›) anerkannt. Es sind in griechischer Sprache geschriebene Zusammenstellungen von Überlieferungsstücken, sogenannten ‹Logien›, die aus älteren, nicht mehr erhaltenen Aufzeichnungen und Spruchsammlungen stammen.

Das Markus-Evangelium ist das älteste der vier Evangelien. Es steht der ältesten Jesus-Tradition am nächsten und gibt diese am unmittelbarsten wieder. Es dürfte bald nach dem Jahr 70 n. Chr. entstanden sein.[24] Das Matthäus-Evangelium dürfte um das Jahr 80 n. Chr. geschrieben worden sein.[25] Das Lukas-Evangelium wurde mit ziemlicher Sicherheit in den Jahren 80–90 n. Chr. verfaßt.[26] Der Inhalt der Evangelien von Matthäus und Lukas stammt teils aus einer in griechischer Sprache wahrscheinlich vor 70 n. Chr. im jüdischen Gebiet am See Gennesaret entstandenen Sammlung von Jesus-Worten, der sogenannten ‹Logienquelle Q›[*], teils aus gesonderten Überlieferungsquellen der beiden Verfasser (‹Sondergut Matthäus› und ‹Sondergut Lukas›).

Diese drei ‹synoptischen› (= zusammengesehen, zusammenzusehen) Evangelien stellen das Endstadium einer langen Entwicklung dar.[29] Nachstehendes Schema[30] veranschaulicht ihre

---

[*] Seinerzeit wurde hinter dem Markus-Evangelium eine ‹Petrus-Quelle› vermutet; sie wurde mit ‹P› bezeichnet. Diese Hypothese wurde dann aufgegeben, und die genannte Spruchsammlung, deren Existenz schon 1794 vermutet wurde und «heute fast eine wissenschaftlich feststehende Tatsache ist»[27], wurde 1899 von P. Wernle, J. Weiss und W. Bousset mit dem nächsten Buchstaben des Alphabetes, mit ‹Q›, bezeichnet.[28]

Entstehungsverhältnisse und gibt an, wie viele Verse* jedes Schriftstück enthält, und wie viele Verse des Matthäus- und des Lukas-Evangliums aus den einzelnen Quellen stammen:

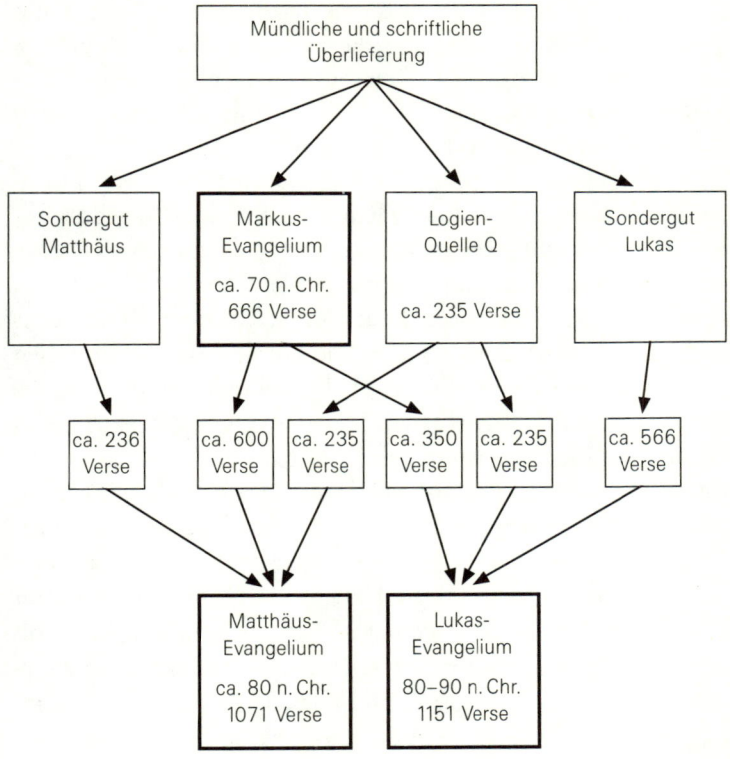

* Die Evangelien werden seit dem 13. Jahrhundert in Kapitel, und diese nach einem Vorschlag des Pariser Buchdruckers Etienne seit 1551 in Verse unterteilt. Bei Evangelienzitaten wird zuerst der abgekürzte Name des Evangelisten (Mk, Mt, Lk, Jo), an zweiter Stelle die Nummer des Kapitels, und an dritter Stelle die Nummer des Verses, beziehungsweise die Nummern der Verse angegeben, zum Beispiel Lk 6,43–45.

41

Der Verfasser des Markus-Evangeliums hieß vermutlich wirklich Markus und dürfte ein Judenchrist der zweiten Generation gewesen sein. Möglicherweise kam er im Zuge der christlichen Auswanderungsbewegung infolge des Jüdischen Krieges (66–70 n. Chr.) aus Palästina nach Rom und schrieb dort sein Evangelium. Er faßte darin die vielfältige Jesus-Tradition mit der vermutlichen Absicht zusammen, die Existenz und Kontinuität dieser Jesus-Tradition zu retten, die durch den Umbruch in Palästina zwischen 60 und 70 n. Chr., durch die Auflösung der Christengemeinde in Jerusalem, durch die Verfolgung unter Nero in Rom und durch den Tod des Petrus bedroht war.[31]

Der Verfasser des Matthäus-Evangeliums muß ein Judenchrist gewesen sein und einer Christengemeinde angehört haben, die stark jüdisch geprägt war und sich mit der Synagoge auseinanderzusetzen hatte, vermutlich in Syrien, am ehesten in Antiochia oder Damaskus. Er hat vielleicht dem Schülerkreis des Apostels Matthäus angehört und wurde deshalb mit dessen Namen der Nachwelt überliefert. Er stellte in seinem Evangelium Jesus als den verheißenen Messias, als den Christus, Sohn Gottes und Menschensohn dar.[32]

Der Verfasser des Lukas-Evangeliums war vermutlich ein aus Mazedonien stammender Grieche, der sich früh dem jüdischen Milieu zuwandte, dort vom christlichen Evangelium hörte und Christ wurde. Seine gepflegte Sprache weist auf eine Herkunft aus höherer Gesellschaftsschicht und gute Ausbildung hin. Daß sein Name Lukas gewesen sei, wurde erst Ende des 2. Jahrhunderts von Irenäus erwähnt: «Und Lukas, der Begleiter des Paulus, legte in einem Buch das von diesem gepredigte Evangelium nieder» (Adv. Haer. III 1,1; griechisch bei Eusebius, Hist. Eccl. V 8,3). Theophilus, dem Lukas sein Evangelium widmete, war ein reicher Freund des Lukas, von dem er erwartete, er werde sein Werk einem breiteren Publikum nahebringen, und zwar drei Zielgruppen: gebildeten Heiden, hellenistischen Juden und verunsicherten Christen. Zielsetzung seines Evangeliums war es, zu zeigen, wie Gott durch die Vermittlung Jesu seine Rettungstat verwirklichte.[33]

Das Johannes-Evangelium ist ganz anderer Art als die drei synoptischen Evangelien. Es ist eine theologisch-mystische Darstellung der Person Jesu. Für eine Rückfrage nach dem historischen Jesus kann es daher kaum in Betracht gezogen werden. Seine endgültige Fassung ist spätestens auf 100 n. Chr. zu datieren und stammt vielleicht von einem Judenchristen aus dem Schülerkreis des Apostels Johannes.

Die ‹nicht-kanonischen› (‹apokryphen›) Evangelien sind für unsere Rückfrage nach dem historischen Jesus ebenfalls kaum relevant. Sie sind stark vom Geist ihrer Entstehungszeit, von Gnosis und Freude an Legenden geprägt und enthalten gegenüber den synoptischen Evangelien nichts substantiell Neues. (Besondere Erwähnung unter ihnen verdient das im 2. Jahrhundert in griechischer Sprache verfaßte ‹Thomas-Evangelium›. Von ihm wurde 1945/46 bei Nag' Hammadi in Ägypten ein in koptischer Sprache geschriebener Papyrus-Codex aus dem 4. Jahrhundert gefunden.)

Die Urschriften der Evangelien sind uns nicht erhalten. (Das damals verwendete Schreibmaterial war der wenig haltbare Papyrus, der erst seit dem 2. Jahrhundert allmählich durch das Pergament verdrängt wurde.) Die älteste uns erhaltene Evangelium-Handschrift wurde um 125 n. Chr. geschrieben. Sie enthält einen Abschnitt aus dem Johannes-Evangelium.

Eine der wichtigsten Handschriften ist der ‹Codex Sinaiticus›, der auf 346 Pergamentblättern das vollständige, aus der Mitte des 4. Jahrhunderts stammende, griechisch geschriebene Neue Testament enthält. Er wurde 1859 vom evangelischen Theologen Konstantin Tischendorf im St.-Katharinen-Kloster auf Sinai gefunden und befindet sich heute im Britischen Museum in London.

Geschichtliche Daten von Jesus

An geschichtlichen Daten von Jesus können den Evangelien lediglich folgende entnommen beziehungsweise aus ihnen abgeleitet werden:

- Jesus stammte aus Nazaret in Galiläa und wurde in einem der letzten Jahre vor unserer Zeitrechnung geboren.[34]
- Er begann sein öffentliches Auftreten nach seiner Taufe durch Johannes, der seine Tätigkeit im Jahr 28/29 begann.[35]
- Er wurde in Jerusalem im Jahr 30 oder 31 durch Kreuzigung hingerichtet. (Die verfügbaren Traditionen und astronomischen Berechnungen ergeben als wahrscheinlichstes Datum seiner Kreuzigung den 7. April 30.)[36]

Legenden und Wundergeschichten

Wie die Formanalyse (siehe S. 35) zeigen konnte, sind die Legenden und Wundergeschichten in den Evangelien erzählerische Illustrationen von Eigenschaften Jesu oder von Glaubenswahrheiten, die in der Gemeinde verkündet werden sollten, also Erzählungen von fiktiven, nicht historischen Begebenheiten. Es ist übrigens nicht uninteressant, daß die Evangelien für die ‹Wundertaten› Jesu nirgends das profan-griechische Wort ‹thauma› (Wunder) gebrauchen.[37]

So sollte in der Geschichte der Kindheit Jesu (Mt 1–2; Lk 1–2) die Messianität Jesu konkret vor Augen geführt werden: Der Stammbaum Jesu und der Geburtsort Betlehem, die Stadt Davids, sollten zeigen, daß Jesus der Sohn Davids war; die Geisteszeugung und Jungfrauengeburt, daß Jesus Sohn Gottes ist; die Geburt Jesu in der Armut einer Futterkrippe, daß die Erlösung und der Friede von Gott im Gewand menschlicher Ohnmacht kommen; die Botschaft der Engel, daß Jesus von Gott gesandt war; die Errettung vom König Herodes, daß Jesus der zweite Mose war, der vom Pharao errettet worden ist; die Flucht nach Ägypten, daß Jesus die Erfüllung des Volkes Israel ist, das auch nach Ägypten gezogen war.[38]

In vielen Wundergeschichten sollte einfach gezeigt werden, daß Jesus eine souveräne, aber rätselhafte Erscheinung war, die aus dem Rahmen des Alltäglichen fiel, daß Jesus über Kräfte verfügte, die nur von Gott oder vom Teufel kommen konnten, so daß Jesus die Menschen vor die Entscheidung für oder gegen die Sache Gottes stellen konnte[39] (Mt 12,24; Mk 3,22; Lk 11,15 und Mt 13,54–56; Mk 6,2–3; Lk 4,22).

Mit den Wunderheilungen sollte im einzelnen und konkret illustriert werden, daß Jesus «Gutes tuend im Land der Juden umherzog» (Apostelgeschichte 10,38) und gekommen ist, die Menschen von allem Übel und von bösen Mächten zu befreien[40] (Mk 1,23–24; Mk 5,6–7 und Mk 9,20 und 26). Krankheit und Besessenheit von einem Dämon waren zur damaligen Zeit so gut wie Synonyma.

Für Wundergeschichten boten die jüdische und die hellenistische Mythologie reichliches Material zur Vorlage an. So enthält die Erzählung von der Münze im Maul eines Fisches, mit der Petrus die Steuer bezahlen sollte (Mt 17,24–27), offenkundig ein bekanntes Fabelmotiv, das auch im ‹Ring des Polykrates› vorkommt, und die Erzählung von der Erweckung des toten jungen Mannes von Nain (Lk 5,4–7) ist vermutlich die Kopie einer gleichlautenden Erzählung aus Rom.

Aber ebenso deutlich geht aus den Wundergeschichten hervor, daß Jesus keinerlei Heilungen oder Machttaten vollbrachte, um sich zu legitimieren oder um Menschen von sich zu überzeugen.[41] Aus Mk 7,31–37 geht hervor, daß Jesus ungehalten war, wenn die Leute ihn als einen Wundermann oder Wunderdoktor ansahen. Als Ablehnung derartiger Machttaten ist auch die Erzählung von den Versuchungen Jesu in der Wüste zu verstehen, (Mt 4,1–11; Lk 4,1–13). Und wiederholt wird im Anschluß an eine Heilung berichtet, daß Jesus dem Geheilten auftrug, nicht davon zu reden (Mk 7,31–37; Mk 8,22–28). Jedenfalls «müssen sich Heilungen von verschiedenartigen Kranken ereignet haben, die für die Menschen zumindest der damaligen Zeit erstaunlich waren, insbesondere müssen Heilungen von ‹Besessenen› vorgekommen sein».[42]

Wunder nach heutiger Auffassung sind Vorgänge, die unter ‹Ausschaltung von Naturgesetzen› verlaufen. Nun sollte aber nicht übersehen werden, daß sich die ‹Naturgesetze› nur auf den von den Naturwissenschaften erforschten Bereich der Welt beziehen. Neben der Ebene von Materie und Energie gibt es auch die Ebene des Geistes. Die Präsenz des Geistes in der Welt ist noch immer ein Rätsel.

Noch weniger wird es uns gelingen, die Präsenz Gottes in der Welt und im besonderen in der Person Jesu zu ergründen. Daß dieser in einmaliger Weise von Gott erfüllte Jesus in das psychosomatische System kranker Menschen einzuwirken vermochte, sollte das unmöglich gewesen sein?

Apokalyptik

Die Geschichte des jüdischen Volkes, zumal seit dem Freiheitskampf der Makkabäer (167–141 v. Chr.) war eine Geschichte von Blut und Tränen.[43] Daraus erwuchs das Verlangen: Die Welt muß endgültig und radikal verändert werden. Diese Sehnsucht nach Glück, Befreiung und Erlösung übersetzte sich in ein Weltbild von apokalyptischen Visionen, die uns fremd sind. Sie prägten das geistige Klima der Zeit Jesu.[44] Jesus wuchs auch in dieser geistigen Welt auf und sprach deren Sprache: «Die Zeit ist erfüllt!» Jesus sah auch das Unheil, von dem die Welt voll war, und rechnete mit einem baldigen Anbruch des Gottesreiches, einer ganz neuen Welt. Aus den Evangelientexten geht aber nirgends hervor, daß Jesus das Kommen des Gottesreiches mit einem apokalyptischen Weltende identifiziert hätte. Über seine Vorstellungen von dem Wie des kommenden Heils hören wir nichts.[45] Kurz vor Jesus trat Johannes der Täufer auf, an sich auch kein Apokalyptiker, aber doch ein rauher Bußprediger und Prophet vom alten Schlag, der im Alleingang die ‹Metanoia›, die radikale Umkehr, und eine Taufe zur Vergebung der Sünden predigte; nur so könnten sich die Menschen vor dem bevorstehenden Weltgericht retten, das einer neuen Welt vorausgehe. Jesus war von der Richtigkeit und Notwendigkeit dieser Metanoia überzeugt, von der Predigt des Johannes offensichtlich getroffen und ließ sich von ihm taufen. Es klaffte jedoch ein Abgrund zwischen der Glückseligkeit Jesu über das Reich des menschenfreundlichen Gottes einerseits und der Besessenheit des Johannes vom Weltgericht und der grauenvollen Perspektive der Apokalyptiker andererseits.[46]

Es darf also nicht wundernehmen, wenn die Evangelientexte immer wieder von apokalyptischen Themen und Andeutungen durchsetzt sind. Die geschichtskritischen Befunde zu den einzelnen Texten (siehe S. 54f.) werden zeigen, was davon auf Jesus zurückgeht und was nicht.

Das Ostererlebnis

Reimarus hatte mit seiner Behauptung recht, daß sich nach dem Tod von Jesus etwas Unglaubliches zugetragen haben muß, das es ermöglichen konnte, aus dem gescheiterten Lebenswerk des hingerichteten Jesus einen Welterfolg zu machen. Die Hypothese, die Reimarus zur Erklärung der Auferstehung Jesu – zur Zeit von Reimarus als eine Wiederbelebung des Leichnams Jesu gelehrt – aufgestellt hat, konnte vor der historischen Forschung allerdings nicht bestehen. Aber was ist wirklich geschehen zwischen der Kreuzigung Jesu, bei der ihn seine Schüler im Stich gelassen hatten, und der kirchlichen Verkündigung?[47] Man stelle sich die Situation der Schüler Jesu nach dessen Hinrichtung vor: Der Rabbi Jesus war die große Hoffnung dieser jungen Menschen, in ihm sahen sie einen außergewöhnlichen Propheten, er war ihnen höchste Autorität, ihm gehörte ihre ganze Bewunderung. Und mit einem Schlag war er nicht mehr da, nicht weil er eines natürlichen Todes gestorben war, sondern weil er hingerichtet worden ist, als Verräter an heiligen Traditionen ihres Volkes und als politischer Aufrührer, geächtet und verachtet. Für sie brach eine ganze Welt zusammen, außerdem befanden sie sich als Anhänger dieses Staatsverbrechers in einer gefährlichen Isolation. Verzweiflung, Leere, Sprachlosigkeit, Angst. Und da wagte es Petrus, mit seinen Gefährten vor das Volk zu treten und zu verkünden, dieser eben gekreuzigte Verbrecher Jesus von Nazaret sei von Gott auferweckt worden und lebe; er sei das Heil Israels (Apostelgeschichte 2, 14 ff.). Und Petrus und seine Gefährten überzeugten, sammelten Anhänger um sich und riefen im Namen des Jesus von Nazaret eine neue religiöse Bewegung ins Leben, die so anwuchs, «daß in einem Zeitraum von noch nicht fünf Jahren die Ansätze einer neuen Weltreligion fertig waren, welche behauptet, daß Jesus die persönliche Offenbarungsgestalt Gottes ist».[48]

Was war geschehen? Die Evangelien erzählen, Engel hätten den Frauen, die zum Grab Jesu gekommen waren, um Jesu Leichnam einzubalsamieren, die Auferweckung verkündet (Mt 28, 1–8; Mk 16, 1–8; Lk 24, 1–8), und Jesus sei Frauen und den Schülern Jesu erschienen (Mt 28, 16–20; Lk 24, 13–49). Diese Erzählungen aber sind Legenden[49], in denen das Ostererlebnis, das selbst nirgends in den Evangelien beschrieben wird, narrativ illustriert werden soll (siehe oben S. 35 ‹narrative Kultur›). Elemente für diese Legenden boten sich den Verfassern ja an. Nach hellenistischen Vorstellungen erschienen Menschen, in denen göttliche Kraft sichtbar wurde, nach ihrem Tode nicht selten ihren Bewunderern.[50] Eine hellenistische Legende erzählt, Romulus sei nach seinem Tod auf dem Weg nach Rom einem Bauern begegnet, der das dann in Rom berichtet habe – wie die Jünger von Emmaus in Jerusalem.[51] Die Erwähnung, daß Jesus «am dritten Tag» auferstanden sei, hat ihren

Grund darin, daß im damaligen jüdischen Denken ein Toter erst nach drei Tagen richtig tot ist.[52]

Was war wirklich geschehen? Worin bestand das Ostergeschehen? Wir können nur aus dem völlig veränderten Verhalten des Petrus und seiner Gefährten nach diesem Ostergeschehen und aus dem Inhalt ihrer Verkündigung darauf rückschließen: Sie müssen auf unmißverständliche Weise intuitiv erfahren haben, daß Jesus lebt, daß Gott den als Zeugen für die Wahrheit seiner Botschaft hingerichteten Jesus verherrlicht und zu seinem Bevollmächtigten für die ganze Menschheit erhoben hat, und daß dieser verherrlichte Jesus sie beauftragt, seine Botschaft der ganzen Menschheit zu verkünden, und mit ihnen sein werde bis zur Vollendung der Welt. Diese Erfahrung muß von so elementarer und überwältigender Eindrücklichkeit gewesen sein, daß sie bei den Schülern Jesu jeden Zweifel an ihrer Echtheit als Offenbarung ausschloß und ihr Leben schlagartig und endgültig neu orientierte.[53] Das Schlußkapitel des Matthäus-Evangeliums (28,16–20) kommt der Ostererfahrung «des Petrus und der Elf» wahrscheinlich am nächsten.[54] Denn es faßt zusammen, was sie dann unerschrocken verkündet haben.

Näheres über das Ostergeschehen überliefern die Evangelien nicht. Nur Paulus definiert es in seinem 55/56 n.Chr. aus Ephesus an die Christengemeinde von Korinth gerichteten Brief (1. Korintherbrief 15,4–8) in sachlicher, lakonischer Kürze mit ‹Erscheinungen› und zählt die Personen auf, denen sie zuteil geworden sind.

Der Bekehrungsprozeß der Schüler Jesu, welcher mit dem Ostererlebnis verbunden gewesen sein muß, klingt noch in den Auferstehungslegenden[55]: Trauer und Ratlosigkeit (Lk 24,17–21), dann Schrecken (Mk 16,5 und 8; Lk 24,5 und 37), Sprachlosigkeit und Zweifel (Mt 28,17; Lk 24,11 und 38), Verstehen (Lk 24,31) und schließlich Jubel und Glaube (Mt 28,17; Lk 24,41).

Zur Illustration des Ostergeschehens zog Lukas für die Griechen das mythologische Bild des Entrückungsmodells heran und ließ Jesus in den Himmel auffahren (Lk 24,50–53).[56] Es gab zur Zeit Jesu nicht nur die hellenistischen Vorbilder Romulus, Herakles und Empedokles und die jüdischen Vorbilder Elija und Henoch für eine Himmelfahrt, sondern die Entrückung war ein übliches Vorstellungsmodell zur Schilderung des Lebensendes eines großen Menschen. So tat Lukas nichts Außergewöhnliches, wenn er schrieb, Jesus sei in den Himmel entrückt worden. Aber eigenmächtig war sein Zusatz, das sei erst vierzig Tage nach Ostern geschehen. Und ebenso eigenmächtig war seine Pfingsterzählung in der Apostelgeschichte (2,1–4), die Ostererfahrung sei fünfzig Tage nach Ostern in Form von Feuerzungen, die vom Himmel fielen, über die Schüler Jesu gekommen. Für die Urkirche, soweit und solange sie das Evangelium des Lukas nicht kannte, ist Jesus am selben Tag auferweckt und zu Gott entrückt worden. Erst gegen Ende des 4. Jahrhunderts fing man an, in der Liturgie des Kirchenjahres das Ostergeschehen in Auferweckung, Himmelfahrt und Geistsendung aufzuspalten und in den drei isolierten Festen Ostern, Christi Himmelfahrt (Auffahrt) und Pfingsten zu feiern.[57]

Das Ostererlebnis und die historische Identität Jesu

Das Ostererlebnis brachte den Schülern Jesu eine neue und entscheidende Dimension der historischen Identität Jesu zu Bewußtsein.

Sie hatten zwar schon zu Jesu Lebenszeit erlebt, daß er wie einer lehrte, der die Vollmacht dazu besitzt. Sie waren außer sich gewesen über die unergründbare Radikalität seiner Reden über das Gottesreich. Es war für sie etwas Ungewöhnliches gewesen, daß er Gott ‹Abba› nannte. Das war ein familiäres Kosewort, das soviel wie ‹allerliebster Vater› bedeutete. Und es war ihnen nicht entgangen, daß er einen Unterschied machte zwischen seinem eigenen Gottesverhältnis und dem Gottesverhältnis aller anderen

Menschen, daß er nie von ‹unserem Vater›, sondern nur von ‹meinem Vater› oder von ‹eurem Vater› sprach.[58]

Aber erst im Ostererlebnis gingen ihnen die Augen auf, daß der allestragende Grund, der sich hinter diesen sinnenhaft erlebten und rational faßbaren Erinnerungen verbarg, eine ganz besondere Präsenz Gottes war, kraft derer Jesus *nicht irgendein Prophet* war, sondern *der Bevollmächtigte Gottes schlechthin* ist. Fortan war Jesus für sie nicht mehr nur der Jesus, wie sie ihn bis zu seinem Tod erlebt hatten, sondern auch der von Gott bestätigte Christus, beides in einem: der eine Jesus-Christus.[59]

Ebenso ist für den Christen von heute die historische Wirklichkeit ‹Jesus von Nazaret› nicht nur eine rational faßbare Wirklichkeit, sondern auch eine nur nicht-rational, nur durch Glauben bejahbare Wirklichkeit. Wollte man aus dem Bild des historischen Jesus diese letztere Dimension wegnehmen, so würde aus ihm «ein unhistorisches, mythisches oder symbolisches Wesen, ein ‹Nicht-Jesus›».[60]*

Die Autoren der Evangelien, als Kinder einer vorkritischen, narrativen Kultur (siehe oben S. 35), brachten aber diese Doppelseitigkeit Jesu in einer Weise zum Ausdruck, die für uns Menschen von heute irreführend ist: Sie projizierten die Erfahrungen des Ostererlebnisses in das Leben Jesu hinein und schrieben Jesus Worte und Taten zu, die es in seinem Leben gar nicht gab, wie zum Beispiel seine Verklärung oder seine Aussage, er, der Menschensohn, werde als der Weltenrichter auf den Wolken des Himmels wiederkommen.

---

* Das heißt jedoch nicht, daß die Christen Jesus für sich allein vereinnahmen dürften. Jesus hat ja seine Botschaft an jeden gerichtet, der ihm zuhören wollte. «Jesus ist unverkennbar nicht das Monopol der christlichen Kirchen.»[61] Das Evangelium gehört zur Weltliteratur, und Jesus ist ‹Gemeingut› geworden.[62] So sahen und sehen Nicht-Christen in ihm zwar nicht den authentisierten Sprecher Gottes, aber den Lehrer und die Inkarnation höchster humaner Ethik, vielleicht auch das lebendige Symbol einer Transzendenz. Der französische marxistische Philosoph Roger Garaudy hat einmal gesagt: «Rendez le nous (Gebt auch uns, den Nicht-Kirchlichen, sogar Nicht-Gott-Gläubigen, Jesus von Nazaret wieder).» Gandhi sagte: «Ohne Christ sein zu brauchen, kann ich davon zeugen, was dieser Jesus in meinem Leben bedeutet.»[61]

Was für die Verkünder des Evangeliums und für deren Zuhörer in der damaligen Zeit der ganz normale Stil zur Darstellung dieses Jesus war, erscheint dem Menschen von heute, der von dieser Darstellung zum historischen Jesus vorstoßen will, als verfälschende Übermalung der geschichtlichen Wirklichkeit.

Die Berücksichtigung des miteinander wirksamen Einflusses von Ostererlebnis und narrativer Kultur auf die Redaktion der Evangelientexte war deshalb für die Auffindung des historischen Jesus und seiner Botschaft in den Evangelien von ganz eminenter Bedeutung.

Das Ostererlebnis und die Hoheitstitel Jesu

Um die in ihrem Ostererlebnis erfahrene innerste Identität Jesu möglichst adäquat in Worten auszudrücken, griffen die Schüler Jesu und frühen Christengemeinden zu Hoheitstiteln, die sich ihnen in ihrer kulturellen Vorstellungswelt anboten.

So beschrieben ihn die frühesten Christengemeinden als die aus den jüdisch-apokalyptischen Traditionen bekannte entscheidende eschatologische Gestalt, die in der nahen Endzeit kommen werde.[63] Und nach den jeweils vorherrschenden Traditionen sahen dann die einzelnen Gemeinden in Jesus den Messias, den Christus (den Gesalbten), den Menschensohn, den Sohn Gottes oder den Kyrios (Herr). Jesus selbst hat keinen dieser Hoheitstitel für sich beansprucht oder gebraucht. Sie stammen alle aus der Zeit nach dem Ostererlebnis.

Mit dem Titel ‹Menschensohn›, der auf das Buch Henoch 46 zurückgeht,[64] wurde eine himmlische Gestalt bezeichnet, die als eschatologischer Weltenrichter auftreten werde. Zur Zeit Jesu, «in der das einfache Volk es sowohl religiös als auch sozial-wirtschaftlich sehr schwer hatte und sich in einer Krise befand», wurde «diese Gestalt mit allen Volkserwartungen beladen».[65]

Die Evangelientexte berichten, Jesus habe wiederholt den Ausdruck ‹Menschensohn› gebraucht und damit in den einen Fällen diesen kommenden Weltenrichter, in den anderen Fällen sich selbst gemeint. Eine tatsächliche Identifizierung der Person Jesu mit dem ‹Menschensohn› zu Lebzeiten Jesu ist aber jedenfalls auszuschließen. Denn eine solche Identifizierung seitens der Schüler Jesu würde die Ostererfahrung voraussetzen, und aus dem Munde Jesu wäre sie eine ungewöhnliche Selbstbezeichnung. Möglicherweise sind auch die anderen Textstellen, wo Jesus vom kommenden Weltenrichter als dem ‹Menschensohn› spricht, spätere Gemeindebildungen. «Diese ganze Frage scheint von einer derart technischen Kompliziertheit zu sein, daß sogar einige Fachexperten ein diesbezügliches weiteres Suchen für überflüssig erklärt haben.»[65]

Auch der Hoheitstitel ‹Sohn Gottes› war schon in der jüdischen Literatur vorgesehen, zum Beispiel in Psalm 2,7: «Mein Sohn bist du! Ich habe dich heute gezeugt.» (Dieses Wort wurde zusammen mit Jesaja 42,1: «Sieh da, mein Knecht, den ich liebe, mein Auserwählter, der mir gefällt. Ich lege auf ihn meinen Geist. Das Rechte wird er den Völkern künden» zur Formulierung der Gottesbotschaft an Jesus bei seiner Taufe, Mk 1,11, verwendet.) ‹Sohn Gottes› ist der Gehorsame, der Gesetzestreue[66], der eschatologische Bote Gottes.[67] ‹Sohn Gottes› ist eine heilsgeschichtliche funktionelle Namensgebung[68], keine seinsmäßige Definition der Person. Diese ontologische Frage haben die Evangelien offen gelassen. Es wäre eine Fehlinterpretation der Evangelien, ihnen entnehmen zu wollen, Jesus sei im Sinne des Dogmas ‹die zweite Person in der Trinität Gottes›.[69] «Jesus hat nie von sich selbst als dem ‹Sohn Gottes› gesprochen.»[70]

5. Geschichtskritische Befunde zu den einzelnen Texten der Evangelien nach Markus, Matthäus und Lukas

Vorbemerkung

Im folgenden werden zu den einzelnen Textabschnitten der drei synoptischen Evangelien kurze historische Befunde gegeben. Hierzu wurden die folgenden Kommentare benutzt.

Für das Markus-Evangelium:
R. Pesch, Das Markusevangelium. Aus der Reihe ‹Herders Theologischer Kommentar zum Neuen Testament›. (Freiburg, 1. Teil ⁴1984; 2. Teil ³1984)
J. Gnilka, Das Evangelium nach Markus. Aus der Reihe ‹EKK. Evangelisch-katholischer Kommentar zum Neuen Testament›. (Zürich, 1. Teil 1978; 2. Teil 1979)

Für das Matthäus Evangelium:
J. Gnilka, Das Matthäusevangelium. Aus der Reihe ‹Herders Theologischer Kommentar zum Neuen Testament›. (Freiburg, 1. Teil ²1988; 2. Teil 1988)
E. Schweizer, Das Evangelium nach Matthäus. Aus der Reihe ‹Das Neue Testament Deutsch.› (Göttingen, ³1981)

Für das Lukas-Evangelium:
Fr. Bovon, Das Evangelium nach Lukas (Lk 1,1–9,5). Aus der Reihe ‹EKK. Evangelisch-katholischer Kommentar zum Neuen Testament›. (Zürich 1989)
E. Schweizer, Das Evangelium nach Lukas. Aus der Reihe ‹Das neue Testament Deutsch›. (Göttingen, 1982)
J. Ernst, Das Evangelium nach Lukas. Regensburger Neues Testament. (Regensburg 1976)

Es sind anerkannt kompetente Kommentare, und es sind die neuesten Kommentare, welche die kaum noch überschaubare Literatur der Evangelienforschung bis in die jüngste Gegenwart erfaßt und verarbeitet haben. Wenn nicht anders vermerkt, sind die Befunde zu den einzelnen Abschnitten diesen Kommentaren entnommen, teils nur inhaltlich, teils auch wörtlich.

Unter den Kapitel- und Versnummern und dem Titel jedes Evangelienabschnittes steht – nach dem Buchstaben ‹E› (für ‹Evangelientext›) – die Nummer des entsprechenden Abschnittes und gegebenenfalls des Unterabschnittes des Evangelientextes im Dritten Teil dieses Buches.

Wenn ein Evangelienabschnitt (E) angegeben wird, aber ein Befund fehlt, so heißt dies, daß kein Anlaß besteht, gegen die Historizität des betreffenden Abschnittes etwas einzuwenden.

Bei historisch irrelevanten Evangelientexten, zu denen es folglich keinen Abschnitt im Text im Dritten Teil des Buches gibt, steht ‹E – ›.

Markus-Evangelium

Markus 1,1–13
Johannes der Täufer. Taufe und Versuchung Jesu
E 1.2

Über das Verhältnis von Jesus zu Johannes dem Täufer siehe oben Apokalyptik, S. 46f. Die Vision Jesu (der Himmel, der sich öffnete; die Stimme Gottes, die ihn als den geliebten Sohn Gottes bestätigte; der Geist Gottes, der in Gestalt einer Taube in ihn niederschwebte), seine Versuchungen und sein paradiesisches Zusammenleben mit den Tieren und den Engeln in der Wüste sind erzählende Christologie, die vermutlich aus der Jerusalemer Urgemeinde stammt. Die Zahl Vierzig für die Anzahl der Tage des Aufenthaltes Jesu in der Wüste ist ein Symbol aus altjüdischer Überlieferung. Die Vision Jesu mit der Stimme aus dem Himmel kann also nicht als der geschichtliche Augenblick der Berufung und Sendung Jesu interpretiert werden.

Markus 1,14–15
Die Verkündigung des Gottesreiches
E2

Markus 1,16–20
Berufung der ersten Schüler
E 3

Hinter dieser Erzählung von der Berufung der ersten Schüler Jesu mit deren sofortiger Folgeleistung und sofortigem Verlassen von Eltern und Beruf steht die Erinnerung an die ersten Kontakte zwischen Jesus und vier Schülern.

Sie enthält dennoch wichtige historische Details: die Namen dieser Schüler der ersten Stunde, ihren Beruf und das in hohem Grad originelle Menschenfischer-Wort Jesu an seine ersten Schüler («Ich werde euch zu Menschenfischern machen»). (Dieses Wort ist für uns mißverständlich;

denn es klingt so, als sollten den Schülern Jesu einmal Menschen ‹ins Netz gehen›. Für die Menschen der Antike war das Meer eine Welt von Ungeheuern und Bedrohungen. Das Bildwort Jesu kann demnach besagen, daß die Schüler Jesu einmal Menschen aus der abgründigen Welt des Bösen befreien sollten. Oder vielleicht sah Jesus in seinen Schülern deshalb künftige ‹Menschenfischer›, weil sie Mitmenschen vom Tod durch Ertrinken retten sollten. Denn Jesus hat ein Leben ohne Vertrauen in Gott einmal mit dem Tod durch Ertrinken vergleichen (Mk 9,42; Mt 18,6; Lk 17,1–2. E 50.1; der Autor).

Markus 1,21–39
In Kafarnaum und Aufbruch nach ganz Galiläa
E 37 (Verse 21–38) E 39.1 (Vers 39)

Der Abschnitt erzählt, Jesus habe in der Synagoge von Kafarnaum einen Mann von einem bösen Geist befreit, der aufgeschrieen und zu Jesus gesagt habe: «Was willst du von mir? Bist du gekommen, uns zu vernichten? Ich weiß, wer du bist: der Heilige Gottes.» Diese Erzählung sollte zeigen, daß Jesus als Befreier von allem Übel gekommen ist, und daß die Dämonen ihn als solchen gewittert haben. Sie gibt jedenfalls die historischen Tatbestände wieder, daß Jesus Kranke geheilt, in den Synagogen Galiläas seine Botschaft verkündet und durch sein außergewöhnliches Wirken allgemeines Aufsehen erregt hat. Die Schilderung der Heilung der Schwiegermutter des Petrus und der Krankenheilungen vor dessen Haus reflektiert das historische Geschehn der Heiltätigkeit Jesu in Kafarnaum. Siehe dazu auch den Befund zu Matthäus 8,14–17.

Markus 1,40–45
Heilung eines Aussätzigen
E –

Diese Wundergeschichte von der Heilung eines Aussätzigen verdankt ihre Entstehung nicht einer historischen Überlieferung von Jesus, sondern der frühchristlichen Verkündigung vom Endzeitpropheten Jesus, der größer ist als die alttestamentlichen Propheten.

Markus 2,1–12
Heilung eines Gelähmten. Vollmacht der Sündenvergebung
E 42

Der Abschnitt berichtet von der Heilung eines Gelähmten. Jesus versichert dem Kranken gleichzeitig, daß Gott ihm seine Sünden verziehen hat und heilt ihn von seiner Krankheit, weil dieser so großes Vertrauen bewiesen hat.

Die Zusage Jesu an den Kranken «Deine Sünden sind dir vergeben» bedeutet «Gott hat dir deine Sünden vergeben». Diese Formulierung im sogenannten ‹Passivum divinum› war bei den Juden üblich, womit die Nennung des Wortes ‹Jahwe› (Gott) ehrfürchtig vermieden wurde. Dieser Satz bedeutet also nicht «Ich habe dir die Sünden vergeben», wie der Text die vorwurfsvollen Gedanken der Schriftgelehrten wiedergibt. Die ganze in diese Begebenheit eingeflochtene Diskussion Jesu mit den Schriftgelehrten spiegelt die Auseinandersetzung der frühen Christengemeinden mit ihrer jüdischen Umgebung über die Frage der Sündenvergebung.

Markus 2, 13–17
Das Zöllnergastmahl
E 43

Es wird erzählt, daß Jesus im Haus des Zöllners Levi an einem Gastmahl teilnahm, bei dem viele Zöllner und Sünder anwesend waren. In der ursprünglichen Überlieferung war nur von Zöllnern die Rede. Später wurden die ‹Sünder› hinzugefügt, um so die Antwort Jesu deutlich als richtungsweisend für die Lösung der innerkirchlichen Frage der Tischgemeinschaft zwischen Juden- und Heidenchristen darzustellen. Die einleitende Erwähnung der Berufung des Zöllners Levi ist sekundäre Bildung.

Markus 2,18–20
Die Frage des Fastens
E 44

Der Text berichtet von der Antwort Jesu auf die Frage der Schüler des Johannes des Täufers und von Pharisäern, warum die Schüler Jesu nicht fasten. Die Antwort Jesu «Können denn Menschen im Hochzeitssaal fasten, wenn der Bräutigam (d.i. Jesus) bei ihnen ist?» kann als authentisches Jesus-Wort gelten. Der zweite Teil seiner Antwort jedoch, seine Schüler würden aber fasten, wenn er nicht mehr unter ihnen sein werde, ist eine Rechtfertigung der Urgemeinde für ihre Einführung des Fastens.

Markus 2, 21–22
Mischt nicht Neu und Alt!
E 15

Markus 2, 23–28
Jesu Schüler verletzen den Sabbat
E 45

Der Text erzählt, wie Jesus seine Schüler gegen einen Vorwurf von Pharisäern, sie hätten den Sabbat verletzt, verteidigt hat. Der erste Teil der Antwort Jesu wird in einer auf Pharisäer abgestimmten schriftgelehrten Form
dargestellt: Jesus beruft sich auf einen Präzedenzfall aus dem Leben von
König David. Im zweiten, zweifellos authentischen Teil der Antwort Jesu
ist im Satz «Also ist der Menschensohn auch Herr über den Sabbat» der
Ausdruck ‹Menschensohn› einfach als ‹Mensch› zu verstehen.

Markus 3,1–6
Jesus heilt am Sabbat
E 46

Markus 3,7–12
Andrang des Volkes zu Jesus
E –

Diese Zusammenfassung von Jesu Wirken am See Gennesaret und vom
Andrang des Volkes ist ohne eigene historische Information.

Markus 3,13–19
Die Bestellung der Zwölf
E 38

Die Reihenfolge der Zwölf, die Jesus als seine engsten Schüler ausgewählt
hat, nimmt die Rangordnung der späteren Urkirche vorweg. Zur Frage,
wann Jesus dem Simon den Beinamen ‹Petrus› gab, siehe Befund zu Matthäus 16,13–20. Die Zahl Zwölf dokumentiert das Programm Jesu, das jüdische Zwölfstämmevolk zu sammeln.

Markus 3,20–30
Die Verteufelung Jesu. Scheidung der Geister
E 47.1 (Verse 20–21) E 47.2 (Verse 22–30)

Jesus antwortet seinen Gegnern, die ihm vorwerfen, er sei von einem Dämon besessen, in ihrer Sprache. Er deutet die nahe Ankunft des Gottesreiches mit der Überwindung des Bösen an. Siehe Befund zu Matthäus 12,22–37, wo dieselbe Szene behandelt wird.

Markus 3,31–35
Die ‹Familie› Jesu
E –

Es ist fraglich, ob die Stellungnahme Jesu zum Bruch mit seiner Familie auf Jesus zurückgeht. Man kann in ihr eventuell eine Anspielung auf Ansprüche der Brüder Jesu in der späteren Jerusalemer Christengemeinde vermuten.

Markus 4,1–9
Einleitung zur Gleichnisrede. Der Sämann
E 17

Die Einleitung und Zusammensetzung der ‹Gleichnisrede› sind Markus-Redaktion.

Markus 4,10–12
Sinn der Gleichnisse
E –

Der Text, nach dem Jesus zu seinen Schülern gesagt habe, nur ihnen werde das Geheimnis des Gottesreiches mitgeteilt, denen draußen aber werde es nur in Gleichnissen zuteil, damit sie zwar sehen und hören, aber nicht verstehen, geht sehr wahrscheinlich auf urkirchliche Entstehung zurück.

Markus 4,13–20
Deutung des Gleichnisses vom Sämann
E –

Die Deutung des Gleichnisses vom Sämann stammt nicht von Jesus.

Markus 4,21–23
Spruchfolge von der Lampe
E 16

Das Wort, es gebe nichts Verborgenes, das nicht offenbart werde, gibt wahrscheinlich den Grundsatz urkirchlicher Verkündigung wieder, daß die Botschaft Jesu nicht in esoterischem Kreis – wie bei den Essenern von Qumran – zurückgehalten werden dürfe, sondern für die Öffentlichkeit bestimmt sei.

Markus 4,24–25
Die Spruchfolge vom Maß
E 9.3 (Vers 24) E 29.2 (Vers 25)

Markus 4,26–32
Die Gleichnisse vom Saatkorn und vom Senfkorn
E 18, E 19

Markus 4,33–34
Schluß der Gleichnisrede
E –

Der vormarkinischen neutralen Rahmenbemerkung, daß Jesus in vielen Gleichnissen vor der Öffentlichkeit sprach (Vers 33), gab Markus durch seinen Schluß, daß Jesus die Gleichnisse aber nur seinen Schülern erklärt habe, einen tendenziösen Sinn.

Markus 4, 35–41
Stillung des Seesturms
E –

Diese Erzählung, Jesus habe auf dem See Gennesaret einen lebensbedrohenden Sturm mit seinem bloßen Wort beruhigt, ist eine freie Nachbildung der Jona-Legende. Sie ist ein Dokument der frühen Missionsgeschichte und der Entwicklung urchristlicher Christologie, nicht der Historie Jesu.

Markus 5,1–20
Die Dämonenaustreibung in Gerasa
E –

Bei dieser Erzählung von einer Dämonenaustreibung in Gerasa handelt es sich um eine frühchristliche Missionserzählung mit einer vermutlich im Gerasener Gebiet lokalisierten Überlieferung von einer Krankenheilung.

Markus 5,21–43
Heilung einer Frau und Auferweckung der Tochter des Jairus
E 51

Die Erzählung von der Totenerweckung der Tochter des Jairus, dürfte, wie deutliche Schichtungsspuren verraten, aus einer Heilungsgeschichte entwickelt worden sein. Es sollte gezeigt werden, daß Jesus mehr ist als Propheten wie Elija und Elischa, von denen auch Totenerweckungen überliefert werden. Die Erzählung von der Frau, die durch das bloße Berühren des Mantels von Jesus von ihren zwölfjährigen Blutungen geheilt worden sei, diente missionarischen Zwecken und bezeugt jedenfalls den Ruf, den Jesus als charismatischer Therapeut genoß. Die aramäische Fassung des Heilwortes «Talitha kum» (Mädchen, steh auf) läßt auf eine aramäische Überlieferungsstufe der Erzählung schließen.

Markus 6,1–6
In der Vaterstadt Nazaret
E 40

Der alte Bericht über Jesu Besuch in Nazaret, der Markus vorlag, hielt fest, daß Jesus in Nazaret keine Machttat wirken konnte. Markus fügte hinzu: «Außer daß er wenigen Siechen die Hände auflegte und sie heilte.»

Markus 6,7–13
Aussendung der Zwölf
E 54.1

Als historisches Ereignis wird man eine Aussendung der Zwölf durch Jesus kaum grundsätzlich bezweifeln dürfen, auch wenn eine detaillierte Rekonstruktion der Zusammenhänge nicht mehr möglich ist. Die detaillierten Anweisungen spiegeln spätere Regeln für die frühchristlichen Wanderprediger wider.

Markus 6,14–16
Verschiedene Stellungnahmen zu Jesus
E 48.2

Es werden Volksmeinungen berichtet, die über Jesus im Umlauf waren, unter anderem Jesus sei der auferstandene Johannes der Täufer. Die Vorstellung von der Wiederkunft eines verstorbenen Propheten existierte im Volk zur Zeit Jesu tatsächlich.

Markus 6,17–29
Das Martyrium des Johannes des Täufers
E –

Für die aus dem Kreis der Täuferschüler stammende Erzählung von der Vorgeschichte und Geschichte des Martyriums des Johannes des Täufers sind historische Informationen verbürgt: Johannes war ein beeindruckender Prediger, der auch vor der Brandmarkung der gesetzeswidrigen Heirat des Herodes nicht zurückschreckte. Herodes fürchtete daher einen Aufstand, ließ Johannes verhaften und schließlich enthaupten. Auch die Geschichte mit dem Tanz der Salome dürfte nicht erfunden sein.

Die Erzählung nimmt einen überraschend großen Raum im Evangelium ein. Dazu ist zu sagen, daß die Frage des Verhältnisses zwischen Jesus und Johannes, die Frage, warum sich Jesus von Johannes taufen ließ und ob Johannes als Vorläufer Jesu zu gelten habe, Themen von frühchristlichen Auseinandersetzungen waren. (Siehe dazu auch oben Apokalyptik, Seite 46f.). Im Rahmen einer Rückfrage nach dem historischen Jesus erscheint diese Erzählung kaum relevant. Lukas empfand diesen Abschnitt als Abweichung vom Thema und nahm ihn nicht in sein Evangelium auf.[71]

Markus 6,30–31
Rückkehr der Zwölf
E –

Die Rückkehr der Zwölf von ihrer Wanderpredigt ist eine von Markus redigierte Überleitungsszene.

Markus 6,32–44
Die wunderbare Speisung der Fünftausend
E –

Die Erzählung, Jesus habe mit fünf Broten und zwei Fischen mindestens fünftausend Menschen gespeist, greift nirgendwo auf konkrete Überlieferung aus dem Leben Jesu zurück. Der Text ist ein Dokument der frühen judenchristlichen Christologie, die mit dem ‹Motiv der Überbietung› alttestamentlicher, wundertätiger Propheten arbeitet, und nicht ein Dokument der Historie Jesu.

Markus 6,45–52
Jesu Wandeln auf dem See
E –

Die Erzählung, Jesus sei auf dem See Gennesaret über das Wasser gewandelt und dann zu seinen Schülern in das Boot gestiegen, ist eine freie christologische Bildung, die vielleicht die Erzählung von der wunderbaren Stillung eines Seesturms durch Jesus voraussetzt.

Markus 6,53–56
Andrang zum Therapeuten Jesus
E –

Der Text ist ein Summarium, das aus Einzelerzählungen über den Andrang der Menschen zu Jesus Züge steigernd generalisiert, ihnen aber nichts historisch Neues hinzufügt.

Markus 7,1–13
Der Streit um ‹die Überlieferung der Alten›
E 55.1

Der Abschnitt kann als historisch zuverlässige Information über das Verhältnis Jesu zur Halacha (den jüdischen verpflichtenden Bestimmungen für das Leben) gelten. Die urchristliche Überlieferung dehnte dann unzulässigerweise Jesu Differenz zur Halacha zu einem Gegensatz von Kirche und Judentum schlechthin aus. Die Beschreibung der näheren Umstände und der jüdischen Reinigungssitten sowie das Jesus in den Mund gelegte Jesaja-Zitat, das jüdische Volk ehre Gott nur mit den Lippen, sein Herz jedoch sei fern von Gott (Jesja 29,13), dürften spätere Einschübe sein.

Markus 7,14–23
Die Speisegebote der Thora
E 56

Die hier von Jesus proklamierte Grundsatzeinstellung zu den jüdischen Speisegeboten gilt in der Evangelienforschung weithin als authentische Tradition. Die Sonderbelehrung der Schüler Jesu im zweiten Teil ist urkirchliche Auslegung dieses Jesus-Logions.

Markus 7,24–30
Die Heilung der Tochter der Syrophönizierin
E –

Bei dieser Erzählung von der Heilung der Tochter einer Syrophönizierin im Gebiet von Tyrus, zu der Jesus gesagt habe, zuerst müßten die Kinder (d.h. die Juden) satt werden, und es sei nicht recht, das Brot den Kindern wegzunehmen und es den Hunden (d.h. den Nicht-Juden) hinzuwerfen, handelt es sich nicht um einen historischen Bericht, sondern um eine ‹symbolische Erzählung›: In erzählerischer Form wird die Auseinandersetzung mit der judenchristlichen Tradition in einer urchristlichen Gemeinde beschrieben, deren missionarische Kreise die Heidenmission rechtfertigen wollten. Tyrus, die freie Polis an der Mittelmeerküste, war in jüdischer Tradition Inbegriff einer heidnischen Stadt.

Markus 7,31–37
Heilung eines Taubstummen im Dekapolisgebiet
E –

Wie die Verknüpfung von hellenistisch-thaumaturgischem Ritual bei dieser Heilung eines Taubstummen im Gebiet der heidnischen Dekapolis und von jüdischer Lobpreisung Gottes nach der Heilung verrät, hatte die Erzählung wohl von Anfang an symbolischen Charakter: Jesus ist der Heiland auch der Heiden. Das bei der Heilung verwendete «Ephata» (Tu dich auf), die griechische Transskription einer hebräischen beziehungsweise aramäischen Verbform erlaubt keine Rückschlüsse auf die Sprache Jesu.

Markus 8,1–9
Die wunderbare Speisung der Viertausend
E –

Es handelt sich um eine Nachbildung der ersten Speisungswundergeschichte (6,32–44).

Markus 8,10–13
Die Zeichenforderung der Pharisäer
E 57.1

Diese bereits vormarkinische Überlieferung dürfte auf historischen Informationen beruhen. Jesu Wort mit der Absage eines göttlichen Zeichens zur Bestätigung seiner Vollmacht spiegelt sein prophetisches Selbstbewußtsein, seinen Offenbarungsanspruch, zugleich sein unbedingtes Vertrauen auf Gott als den, der seine Sendung deckt, seine Autorität beglaubigt und legitimiert: durch seine Praxis und Verkündigung selbst. Markus gibt für diese Szene einen Ort am See Gennesaret an, dessen Name Dalmanuta rätselhaft ist.

Markus 8,14–21
Das Gespräch über das Speisungswunder
E 14.4

Mit seiner Warnung vor dem Sauerteig der Pharisäer und dem Sauerteig des Herodes hat Jesus seine Schüler am wahrscheinlichsten auf die politischen Ambitionen der Pharisäer und des Herodes – Ablösung der Römerherrschaft (Wunsch der Pharisäer) und Erhaltung des Status quo (Wunsch des Herodes) – hinweisen wollen. Das Gespräch über das Speisungswunder ist wohl Redaktion des Markus.

Markus 8,22–26
Heilung eines Blinden in Betsaida
E –

Diese detaillierte Erzählung von der Heilung eines Blinden in Betsaida läßt auf historische Information über Jesu Wirken in Betsaida schließen, bringt aber nichts grundsätzlich Neues.

Markus 8,27–30
Das Messiasbekenntnis des Petrus
E 58

Die Erzählung von der Frage Jesu an seine Schüler, für wen ihn die Leute hielten, und von der Antwort der Schüler zeigt älteste, in das Leben Jesu zurückgreifende Überlieferung. Es geht um die Unterscheidung der Meinung der Schüler Jesu von der der Leute. Die drei anscheinend im Volk zirkulierenden Meinungen (vgl. 6,14–16) spielten in der frühchristlichen Christologie keine Rolle mehr und dürften demnach historisch sein. Ebenso liegt im Bekenntnis des Petrus, Jesus sei der ‹Christus› (der von Gott Gesalbte, der Messias) nicht erst urkirchliches Grundbekenntnis vor, sondern das historische Bekenntnis des Petrus im Namen seiner Gefährten aus der Zeit des Lebens Jesu. Das Schweigegebot Jesu ist zweifellos auf die mögliche Mißdeutung des prophetischen Messianismus als eines national-politischen Messianismus zurückzuführen.

Markus 8,31–33
Die erste Leidens- und Auferstehungsankündigung Jesu und die Zurechtweisung des Petrus
E –

Bei dieser Ankündigung Jesu, daß er von den Ältesten, Hohenpriestern und Schriftgelehrten verworfen und getötet werde, handelte es sich um eine konstruierte Erzählung, um den ältesten Ansatz der Deutung des Todes Jesu in der Gegenüberstellung von Tötungs- und Auferweckungsaussage. Sie läßt sich nicht auf ein entsprechendes Ereignis im Leben Jesu und des Petrus zurückführen, sondern stammt aus der Auseinandersetzung judenchristlicher Gemeinden mit dem Judentum. Die Leidensweissagungen Jesu sind nicht historische Worte Jesu.[72]

Markus 8,34–38
Die Spruchfolge von der Kreuzesnachfolge
E 60.1

Hier wird das Wort Jesu überliefert, wer ihm nachfolgen wolle, müsse sein Kreuz auf sich nehmen. Das Kreuz auf sich nehmen, bedeutete in christlicher Symbolsprache Martyriumbereitschaft und schließlich alltägliche Askese. In Wirklichkeit dürfte dieses Wort Jesu vor dem Hintergrund einer Vision des Propheten Ezechiel (Ezechiel 9,4–6) vom Strafgericht über Jerusalem zu verstehen sein. Dort wurde jedem, der sich zu Gott bekannte, ein Kreuz als Erkennungs- und Schutzzeichen auf die Stirn geschrieben. Das Kreuz, von dem Jesus hier sprach, dürfte dieses Bekenntniszeichen des Ezechiel gewesen sein, nicht sein eigenes Kreuz. Demnach kann das Wort «der nehme sein Kreuz auf sich» folgendermaßen übersetzt werden: «...bekenne sich bedingungslos zu Gott». Dieses so verstandene Wort, ohne die sich anschließende Begründung «Denn wer sein Leben retten will, der wird es verlieren...» kann als authentisches Jesus-Wort gelten. Auch an der Jesus-Echtheit des Doppelspruches vom Besitz der ganzen Welt und vom ewigen Lohn ist nicht zu zweifeln. Das abschließende Wort über jene, die sich der Nachfolge Jesu schämen, und über den Menschensohn, der sich dann beim Endgericht dieser Menschen schämen werde, spiegeln die Verfolgungs- und Entscheidungssituationen der späteren Urchristen wider.

Markus 9,1
Jesu Naherwartung des Gottesreiches
E 57.5

Es besteht kein Grund, Jesus dieses Logion von seiner Naherwartung des Gottesreiches abzusprechen, aber siehe hierzu oben Apokalyptik, S. 46f.

Markus 9,2-13
Die Verklärung Jesu und das Gespräch über Leiden und Auferweckung des Menschensohnes
E –

Die Erzählung, Jesus sei auf dem Berg Tabor vor drei seiner Schüler verklärt worden, es seien Elija und Mose erschienen, und Jesus habe in strahlender Herrlichkeit mit ihnen geredet, sowie das anschließende Gespräch Jesu mit den drei Schülern über seinen Tod und seine Auferweckung sind eine aus nachösterlicher Perspektive formulierte Erzählung, die über ein frühes Stadium der Christologie in der Urgemeinde Auskunft gibt.

Markus 9,14–29
Heilung eines epileptischen Jungen
E 52

Die Erzählung von der Heilung eines epileptischen Jungen wurde schon in der vormarkinischen Überlieferung verändert. Ursprünglich war von einem Streit der Volksmenge mit Schriftgelehrten und von deren erfolglosen Heilungsversuch die Rede und nicht von einem Heilungsversuch der Schüler Jesu. Daß in einer Heilungsgeschichte Gegner auftreten, und das Volk als Adressat Jesu und nicht als Staffage geschildert wird, ist höchst selten und kann als wichtiges Indiz konkret-historischer Überlieferung gelten. Die Frage Jesu an den Vater, wie lange sein Sohn schon krank sei, und die anschließende Sonderbelehrung der Schüler Jesu sind sekundärer Anhang.

Markus 9,30–32
Die zweite Leidens- und Auferweckungsankündigung
E 59.1

Die sprachstilistische Analyse des Textes spricht für die Authentizität des ersten Teiles des Jesus-Wortes, daß Gott den Menschen an die Menschen ausliefern werde. Die daran anschließende Vorhersage Jesu seiner Tötung und Auferstehung ist sekundäre Erweiterung.

Markus 9,33–35
Der Erste als Diener aller
E 61.1 und E 61.2

Markus 9,36–37
Die Aufnahme der Kinder im Namen Jesu
E –

Der hier überlieferte Ausspruch Jesu «Wer eines von solchen Kindern in meinem Namen aufnimmt, der nimmt mich auf; und wer mich aufnimmt, der nimmt nicht mich auf, sondern den, der mich gesandt hat...» wird aus palästinischen Christengemeinden stammen und ursprünglich an die Schilderung der Kindersegnung angeschlossen gewesen sein. Die Aufnahme hilfloser Kinder wurde wohl als karitativer Diakonie-Dienst verstanden.

Markus 9,38–41
Wer nicht gegen uns ist, ist für uns
E 64

Die Überlieferung, die Schüler Jesu hätten einen Mann, der nicht zur An-
hängerschaft Jesu zählte, aber in seinem Namen Dämonen austrieb, daran
hindern wollen, Jesus habe sie jedoch davon abgehalten, kann durchaus
auf einen wirklichen Vorfall zurückgehen. Der erklärende Zusatz Jesu
«Denn wer nicht gegen uns ist, der ist für uns» dürfte eine nachträgliche
Abwandlung des ursprünglichen Jesus-Wortes «Wer nicht mit mir ist, der
ist gegen mich» (Matthäus 12,30) sein. Auch das Wort «Wer euch einen Becher Wasser reicht..., wird seinen Lohn nicht verfehlen» wurde sekundär
zugefügt.

Markus 9,42–50
Spruchfolge über Ärgernisse
E 50.1 (Vers 42) E 14.2 (Verse 43–48)
E 12.4 (Verse 50abc, 49)

Es wird hier erzählt, Jesus habe gesagt «Wer einem dieser Kleinen, die da
glauben, Ärgernis gibt, dem wäre es besser, wenn ihm ein Mühlstein an
den Hals gehängt und er ins Meer geworfen würde». Bei diesem Wort
dürfte eine spätere Verwechslung vorliegen. Ursprünglich dürfte sich das
Ertränken mit dem Mühlstein nicht auf denjenigen bezogen haben, der
einem Menschen das Gottvertrauen nimmt, sondern auf denjenigen, dem
das Gottvertrauen genommen wird. Demnach besagt das Wort, daß der
Verlust des Gottvertrauens schlimmer ist als mit einem Mühlstein im
Meer ertränkt zu werden.[73]

Der anschließende kasuistische Dreierspruch, der Mensch solle Fuß,
Hand und Auge ausreißen, wenn sie ihm Ärgernis gäben, könnte aus dem
ursprünglichen Bild von einem Menschen entstanden sein, der in eine
Falle getreten ist und sich retten will.[74]

Der Schluß «Habt Salz in euch und haltet Frieden untereinander» ist sekundärer Zusatz.

Markus 10,1–12
Ehescheidung?
E 62.1

Dieses Streitgespräch mit Pharisäern über das Thema Ehescheidung spiegelt die Debatte in einer judenchristlich-hellenistischen Gemeinde, die mit jüdischer Schriftauslegung vertraut war, aber offensichtlich auch den Rechtsgepflogenheiten in Rom Rechnung trug. (Das Markus-Evangelium dürfte ja in Rom geschrieben worden sein.)

Das jüdische Recht erlaubte dem Mann grundsätzlich, seine Frau aus der Ehe zu entlassen, und gut jüdisches Denken machte es dem Mann sogar zum Gebot, von diesem Recht Gebrauch zu machen, wenn sich seine Frau anstößig benommen hat.[75] Nach der in der römischen Gesellschaft geltenden Rechtspraxis hingegen konnte auch die Frau ihren Mann aus der Ehe entlassen.[76] Deshalb lautete die von Markus überlieferte Stellungnahme Jesu zur Ehescheidung: «Wer seine Frau entläßt und eine andere heiratet, der bricht ihr gegenüber die Ehe. Und wenn sie ihren Mann entläßt und einen anderen heiratet, so bricht sie die Ehe.» Die bei Matthäus 5,31–32, Matthäus 19,9 und Lukas 16,18 überlieferten Fassungen sind jedesmal verschieden. Es ist «also unmöglich, eine ursprüngliche, direkt auf Jesus zurückgehende Form zurückzugewinnen».[77]

Grundlegend und inhaltlich historisch ist jedenfalls das Wort Jesu in Vers 9: «Was Gott verbunden hat, soll der Mensch nicht trennen.» Dieses Grundsatzwort Jesu wurde dann in den verschiedenen Christengemeinden (und damit auch in den verschiedenen Evangelien) in verschiedener Weise kommentiert und auf konkrete Situationen angewendet.

«Diese Grundsatzaussage Jesu ist freilich, wie in der letzten Zeit von den Auslegern immer wieder hervorgehoben wurde, ‹kein juristischer Bescheid, sie hat andere Qualität, sie appelliert an den freien Gehorsam des Menschen als des Geschöpfes Gottes›. Wir haben es dabei nicht mit einem Gesetz zu tun, sondern mit einem ethischen Appell. Sie ist eine Idealforderung, die, wie alle Idealforderungen Jesu, an der moralischen Hinfälligkeit des Menschen ihre Grenzen findet. Jesus sagt nicht, Mann und Frau könnten sich nicht trennen, sondern sollten sich nicht trennen. Der Kapitalfehler, der in der späteren kirchlichen Praxis begangen wurde, bestand darin, aus einem ethischen Appell ein absolutes Gesetz zu machen.»[77]

Markus 10,13–16
Die Kindersegnung
E 63

Markus 10,17–31
Der Reichtum und die Nachfolge Jesu
E 65.1

Dieser Text berichtet von einem Gespräch zwischen Jesus und einem begü-
terten jungen Mann über dessen Frage, was er zur Erlangung des ewigen
Lebens tun müsse, und von einem anschließenden Gespräch zwischen Jesus und seinen Schülern über die Gefahr des Reichtums und über den
Lohn für die Nachfolge Jesu.

Markus machte durch den Einschub «Dann komm und folge mir» aus
dem ursprünglichen Schulgespräch mit dem jungen Mann eine Berufungs-
geschichte.

Zum Wort Jesu «Leichter kommt ein Kamel durch das Nadelöhr als ein
Reicher in das Gottesreich hinein» ist zu bemerken, daß das Bild von
einem Elefanten, der durch ein Nadelöhr geht, im Rabbinischen sprichwörtlich war; aber es wurde nirgends auf den Reichen angewendet. Offenbar sagte man von einem Menschen, der aufschneidet, er lasse einen Elefanten durch ein Nadelöhr gehen.[78] Das an das authentische Wort Jesu
vom Nadelöhr sich anschließende Gespräch über den Lohn für die Nachfolge Jesu (hundertfachen Lohn in dieser Welt und ewiges Leben in der
künftigen Welt[79]) und der Schlußvers «Viele Erste werden Letzte sein und
die Letzten Erste» sind spätere Zutaten.

Markus 10,32–34
Die dritte Leidens- und Auferweckungsankündigung auf dem Weg
nach Jerusalem
E 69.2 (Vers 32)

Siehe hiezu auch Befund zu Markus 9,30–32.

Markus 10,35–45
Die Bitte der Zebedäussöhne
E 59.3

Die Bitte der Zebedäussöhne an Jesus «Gewähre uns, daß wir einer zu deiner Rechten und einer zu deiner Linken sitzen dürfen in deiner Herrlichkeit» und die Antwort Jesu scheinen auf historischen Grundlagen aus dem
Leben Jesu und der Zebedaiden zu beruhen. Der Bericht über den Unwil-
len der übrigen Schüler Jesu leitet dann zur nächsten Szene über, in der
Jesus seine Schüler ermahnt «Wer unter euch der Erste sein will, soll der

Diener aller sein», in der es sich aber in Wirklichkeit vermutlich um den Ärger wegen des Anspruchs auf privilegierte Vorrangstellungen in der Jerusalemer Urgemeinde handelt.

Markus 10,46–52
Die Heilung des blinden Bartimäus bei Jericho
E 75

Die sehr konkreten, nicht auf einen Zweck ausgerichteten Details der Erzählung von der Heilung eines Blinden namens Bartimäus bei Jericho führen zum Schluß, daß es sich um eine historische Begebenheit handelt.

Markus 11,1–11
Einzug in Jerusalem
E 79

Die messianische Huldigung Jesu durch seine Begleiter (nicht durch die Bevölkerung) beim Einzug in Jerusalem wird historisch sein. Die Erzählung von der Beschaffung eines Jungesels für den Einzug Jesu in die Stadt ist Legende. Daß Jesus während seines Jerusalemer Aufenthaltes sein Quartier in Betanien (etwa 3 km von Jerusalem entfernt) hatte, darf als gesichertes historisches Datum gelten.

Markus 11,12–21
Die Verfluchung eines Feigenbaumes und Jesu Demonstration im Tempel
E 80

Über die Entstehung und Bedeutung der Erzählung von der Verwünschung eines Feigenbaums, an dem Jesus Früchte pflücken wollte, der aber keine Früchte trug, herrscht viel Unsicherheit.

Von Bedeutung sind die anschließenden Worte Jesu vom vertrauensvollen Gebet im nächsten Abschnitt (11,22–25).

Die Konfrontation Jesu mit den Verkäufern und Käufern im Tempel spielte sich in dessen Vorhofgelände ab. Daß Jesus erklärte, es gehe nicht an, ein ‹skeuos› durch das Tempelgelände zu tragen, wird verschieden gedeutet. ‹Skeuos› bedeutet Gerät, Hausgerät, alle möglichen Handelswaren, aber auch Kriegsgerät und Waffe. Demnach kann sich das Wort Jesu gegen den Mißbrauch des Tempelgeländes für Handel oder gegen den Mißbrauch für Terrorismus gerichtet haben. Daß jüdische Widerstandskämpfer (‹Zeloten›) das Pilgergedränge im Tempelhof wiederholt ausnützten, um vermutete Römerfreunde im Gewühl zu erdolchen, spricht für die zweite Interpretation.[80]

Markus 11,22–25
Die Sprüche vom Glauben und vom Gebet
E 53 (Verse 22–24) E 7.2 (Vers 25)

Markus 11,27–33
Die Frage nach der Vollmacht Jesu
E 81.1

Die Schilderung der Diskussion von Hohenpriestern, Schriftgelehrten und Ratsältesten mit Jesus über die Frage, in welcher Vollmacht er so auftrete wie eben bei der Konfrontation im Tempelgelände (11,15–17), dürfte historisch eine Station der Jerusalemer Auseinandersetzungen Jesu spiegeln.

Markus 12,1–12
Das Gleichnis von den bösen Winzern und der Tötung des Sohnes.
E 81.2

Einer Rückführung der Parabel von den bösen Winzern und der Tötung des Sohnes des Weinbergbesitzers auf Jesus steht nichts im Wege. Die Deutung der Parabel, daß durch Gottes Eingreifen der verworfene Stein, das heisst Jesus, zum Eckstein wurde, stammt aus der Urkirche.

Markus 12,13–17
Die Steuerfrage
E 82

Die Erzählung von der Diskussion von Pharisäern und Herodes-Anhängern mit Jesus über die Frage, ob die Juden an den römischen Kaiser die Steuern zahlen dürften, trägt berichtenden Charakter und wurde offensichtlich nicht nachträglich konstruiert.

Markus 12,18–27
Die Frage des ewigen Lebens
E 83

Markus verband dieses an sich weder zeit- noch ortgebundene Gespräch Jesu mit Sadduzäern über die Frage eines ewigen Lebens mit dem Jerusalemer Aufenthalt Jesu, wo es nicht ursprünglich hingehören muß. Es kann aber aufgrund sprachlicher Indizien und muß aufgrund sachlicher Indizien als authentische Jesus-Überlieferung beurteilt werden. Der Sinn des Wortes «Wenn Gott die Menschen aus dem Tod erweckt, heiraten sie nicht, noch werden sie verheiratet, vielmehr sind sie wie Engel in den Himmeln» ist der: «Wenn Gott die Menschen aus dem Tod erweckt, dann werden sie so sein, wie Gottes Allmacht es bestimmt.»

Markus 12,28–34a
Die Frage nach dem ersten Gebot
E 84

Dieser Text, der ein Gespräch zwischen Jesus und einem Schriftgelehrten über die Frage schildert, welches das allererste Gebot sei, scheint im hellenistischen Judenchristentum, am ehesten der Jerusalemer ‹Hellenisten› um Stephanus, entstanden zu sein. Aber die Frage des Schriftgelehrten und die Antwort Jesu sind wohl eine Überlieferung aus dem Leben Jesu. Der Wortlaut der Antwort Jesu ist zwar nicht als ein historisch echtes Jesus-Wort zu bewerten, aber als sachlich echte Wiedergabe der Stellungnahme Jesu zum judaischen Gesetz.[81]

Die Zustimmung des Schriftgelehrten und die Antwort Jesu, der Fragesteller sei vom Gottesreich nicht fern, sind eine spätere Erweiterung.

Markus 12,34b–37
Die Messiasfrage
E 85

Dieser Text berichtet, daß Jesus vor dem Publikum im Tempel der Messiasvorstellung der Schriftgelehrten entgegengetreten ist. Der Text ist eine berichtende und nicht eine konstruierte Erzählung und damit ein wichtiges historisches Dokument für die Rückfrage nach dem messianischen Selbstverständnis Jesu. Der Auffassung der Schriftgelehrten, daß der ‹Sohn Davids›, der erwartete Davidsproß und Messias, der Herrscher eines künftigen davidschen Weltreiches sein werde, stellt Jesus diskret, aber selbstbewußt seine prophetische, aber universale Messiassendung entgegen. In der

Wiedergabe des Textes darf situationsentsprechend die Bemerkung im vorangehenden Abschnitt «Niemand mehr wagte, ihn zu fragen» als Einleitung benutzt werden.

Markus 12,38–40
Jesu Warnung vor den Schriftgelehrten
E –

Es wird hier erzählt, Jesus habe das Volk vor den Schriftgelehrten gewarnt, die es liebten, in wallenden Gewändern aufzutreten und Ehrenplätze einzunehmen, und die die Häuser der Witwen aufzehren und scheinheilig lange Gebete verrichten würden.

Es dürfte sich um sekundäre Kompositionen handeln.

Markus 12,41–44
Die Opfermünze der Witwe
E 86

Die kurze Geschichte von einer armen Witwe, die zwei Münzen in den Opferkasten des Tempels warf, ist eine berichtende Erzählung. Ihre Überlieferung dürfte der Armut und Tempelfreudigkeit der Jerusalemer Urgemeinde zu verdanken sein.

Markus 13,1–2
Die Ankündigung der Tempelzerstörung
E 87

Der Text erzählt, Jesus habe die Zerstörung des Tempels (70 n. Chr.) vorausgesagt: «Kein Stein wird auf dem andern bleiben, der nicht weggerissen wird.» Die Ansichten über diese angebliche Ankündigung der Tempelzerstörung sind uneinheitlich. K. Herbst interpretiert sie so, daß für Jesus der wahre Tempel bereits zerstört ist.[82]

Markus 13,3–37
Die eschatologische Rede Jesu
E 68.2 (Vers 11) E 57.3 (Verse 28–29)

Die Jesus zugeschriebene eschatologische Rede ist als Produkt der Situation zu verstehen, in der sich das Urchristentum mit seiner Erwartung einer nahen Wiederkunft des auferweckten Christus nach den Schrecken des Jüdischen Krieges (ab 66 n. Chr.) und der Tempelzerstörung

(70 n. Chr.) befand. Es ist die Rede vom Zeitpunkt und den Ereignissen des Weltendes: von falschen Propheten, von Kriegen und Katastrophen, von einer noch nie dagewesenen Drangsal, von einer Erschütterung des Weltalls und vom ‹Menschensohn›, der auf den Wolken des Himmels mit Macht und Herrlichkeit erscheinen und die Auserwählten sammeln werde.

In diese Rede sind allerdings auch Logien aus echter Jesus-Überlieferung eingestreut (die Voraussage Jesu, daß seine Schüler verfolgt würden, und das Gleichnis vom Feigenbaum, an dessen Trieben und saftigen Zweigen das Nahen des Sommers zu erkennen ist).

Die abschließenden Mahnungen zur Wachsamkeit sind eine auf der Basis überlieferten Gleichnismaterials errichtete Komposition des Markus. Siehe hierzu auch Befund zu Matthäus 10,16–25.

Markus 14,1–15,47
Die Passion

Schauplatz der letzten Tage Jesu, seiner Verhaftung, seines Prozesses und seiner Hinrichtung war Jerusalem. Die christliche Urgemeinde von Jerusalem war deshalb die beste Garantin für die Bewahrung und Überlieferung der Erinnerungen an die Geschehnisse dieser Tage. So hat auch der Passionsbericht des Markus, der aus der Tradition der Jerusalemer Gemeinde kam, eindeutig prioritäre Bedeutung vor Matthäus und Lukas, zumal er nicht mündliche Überlieferung niederschrieb, sondern über eine schriftliche Passionsgeschichte der Jerusalemer Gemeinde verfügte. Dieses älteste Dokument über die Passion ist uns nicht überliefert, aber sein Text kann rekonstruiert werden.[83] Für die Rückfrage nach dem historischen Jesus besitzt diese vormarkinische Passionsgeschichte unschätzbaren Wert.

Markus 14,1–2
Der Plan der Hohenpriester und Schriftgelehrten
E 90.1

Dieser Bericht vom Plan der Hohenpriester und Schriftgelehrten, Jesus zu ergreifen und zu töten, ist ein berichtendes Erzählstück aus der Sicht der Jerusalemer Urgemeinde, die es überliefert hat.

Markus 14,3-9
Die Salbung Jesu in Betanien
E 89

Bei dieser Erzählung, Jesus sei in Betanien von einer Frau mit kostbarem Pistazienöl gesalbt worden, dürfte es sich um eine Übersetzung einer noch aramäisch überlieferten Erzählung aufgrund historischer Grundlagen handeln. Die Voraussage Jesu, daß die gute Tat dieser unbekannten Frau später überall erwähnt werde, wird verschieden interpretiert.

Markus 14,10-11
Der Verrat des Judas
E 90.2

Dieses Erzählstück, Judas, einer der zwölf Schüler Jesu, habe den Hohenpriestern angeboten, ihnen Jesus auszuliefern, deutet historisches Geschehen aus der Sicht der Jerusalemer Urgemeinde.

Markus 14,12-16
Die Vorbereitung des Paschamahls
E 91.1

Der Erzählung von der Vorbereitung des Paschamahls wird man die Erinnerung an historisches Geschehen nicht absprechen können. Daß Jesus in der Situation akuter Bedrohung durch Häscher der Hohenpriester die Vorbereitung des Paschamahls aufgrund einer geheimen Absprache mit einem Jerusalemer Hausbesitzer und dessen Mittelsmann (wohl einem seiner Diener, dem Wasserträger) besorgen ließ, ist durchaus plausibel.

Markus 14,17-21
Die Vorhersage der Auslieferung Jesu
E 91.2

Die Szene der unbestimmten Voraussage Jesu, daß er von einem seiner Schüler ausgeliefert werde, ohne diesen namentlich zu nennen, beruht wohl auf historischer Grundlage. Die Worte Jesu über das Schicksal des Verräters sind aber kaum authentisch.

Markus 14,22–26
Das Abendmahl
E 91.3 E 91.4

Der kurze Bericht vom Pascha- und Abschiedsmahl Jesu mit seinen zwölf Schülern stammt nach allen Anzeichen aus der Jerusalemer Urgemeinde und hat historische Qualität. Er gehört zu den theologisch und christologisch bedeutsamsten Dokumenten der synoptischen Tradition. Die Berichte der anderen Evangelisten und des Paulus sind bereits urkirchlich liturgisch überfärbt.

Die Darreichung von Brot und Wein sind Teile des als bekannt vorausgesetzten und darum nicht beschriebenen Ritus des jüdischen Paschamahles. Die dabei von Jesus gesprochenen Begleitworte knüpfen an diesen Ritus an. Brot bedeutet Quelle von Leben, Segen und Heil; Wein bedeutet Quelle von Freude. ‹Leib› bedeutet den ganzen Menschen. Das griechische ‹touto estin› (‹das ist ›) war eine übliche Formulierung für Übersetzungen, Definitionen und allegorische Deutungen und muß hier in diesem letzten Sinn verstanden werden.

Der Satz, daß Jesus Wein erst wieder im Gottesreich trinken werde, wurde wohl erst später hinzugefügt. Das «für viele», beziehungsweise in diesem Kontext richtiger übersetzte «für alle», darf nicht im Sinne eines Sühnetodes verstanden werden. Denn es läßt sich kein sicheres Logion Jesu finden, das irgendeine Anspielung auf seinen Tod als Sühneopfer enthält. Das Wort muß vielmehr als Ausdruck seiner gänzlichen Pro-Existenz, als die fundamentale Intention seines ganzen Lebens, nicht nur seines Todes verstanden werden.[84] Mit seinem Blut, das heißt mit seinem Tod, hat Jesus den Bund Gottes mit den Menschen «besiegelt».[85]

Markus 14,27–31
Die Vorhersage der Flucht der Schüler Jesu und der Verleugnung des Petrus
E –

Die Vorhersage Jesu, daß ihn alle verlassen würden, war ein ernster Eingriff des Markus in das ihm vorgegebene Material.[86] Auch das anschließende Gespräch Jesu mit Petrus, daß dieser in der folgenden Nacht Jesus verleugnen werde, scheint nachträglich verfaßt worden zu sein.

Markus 14,32–42
Im Landgut Getsemani
E 92

Bei dieser Schilderung der qualvollen Stunden, die Jesus mit seinen Schülern bis zu seiner Verhaftung im Landgut Getsemani verbracht hat, handelt es sich nicht um eine legendarisch konstruierte Erzählung, eher um einen stark kerygmatisierten Bericht, der jedenfalls glaubwürdig die Verfassung Jesu in dieser Nach wiedergibt. Daß Jesus in seinem Gebet Gott mit ‹Abba› anspricht, verdient besondere Beachtung. ‹Abba› war zur Zeit Jesu ein aramäisches Kosewort von Kindern für ihren Vater. Der ungewöhnliche Gebrauch von ‹Abba› in Gebeten zu Gott findet sich nicht in der rabbinischen Literatur, ebensowenig in der offiziellen spätjüdischen Gebetsliteratur.[87] «J. Jeremias[88] und B. van Jersel[89] haben – soweit dies bei solcher Materie möglich ist – überzeugend nachgewiesen, daß ‹Abba› eines der sichersten Jesus-Worte ist.»[90]

Markus 14,43–52
Jesu Verhaftung und die Flucht seiner Schüler
E 93

Die kaum kerygmatisierte Erzählung scheint die historischen Umstände der Verhaftung Jesu getreu zu überliefern.

Markus 14,53–54
Überstellung an die Hohenpriester. Vor dem Synedrion. Nachfolge des Petrus in den Palast des Hohenpriesters
E 93 (Vers 53a) E 94 (Vers 53b) E 95 (Vers 54)

Markus 14,55–65
Jesu Verurteilung durch das Synedrion
E 94

Der Bericht von der Verurteilung Jesu durch das jüdische Synedrion ist zwar stark kerygmatisiert, kann aber nicht als freie Bildung ohne Vorgaben konkreter Informationen aus dem Prozeß verstanden werden.

Als historisch glaubwürdig ist zu beurteilen, daß Jesus im Morgengrauen im Palast des Hohenpriesters verhört wurde, daß der Hauptanklagepunkt ein Jesus unterstelltes, gegen den bestehenden Tempel gerichtetes Wort Jesu war, daß der Hohepriester an Jesus die Messiasfrage stellte, daß Jesus darauf aber schwieg, daß das Synedrion Jesus für schuldig befand und beschloß, ihn an Pilatus auszuliefern.

«Historisch muß man sagen, daß Jesus durch den Sanhedrin desavouiert wurde, weil er vor dem Sanherin schwieg (14,60–61). Dieses Schweigen ist es – nicht, was die nachösterliche Kirche Jesus später in den Mund legt, er sei der Messias und der Sohn Gottes, er werde zur Rechten Gottes sitzen und auf den Wolken des Himmels kommen (14,62) –, was für den Sanhedrin zum Rechtsgrund wurde, Jesus zu verurteilen... Jesus weigert sich, seine Lehre und Praxis dieser jüdischen Instanz zu unterwerfen... Jesus lehnt es ab, seine direkte ‹Sendung durch Gott› der jüdischen Lehrautorität zu unterwerfen... Jesu Schweigen gegenüber dem institutionell-legitimen Autoritätsorgan in Israel wird daher, nach der judaischen Interpretation von Deuteronomion 17,12 («Wenn aber einer sich vermißt, auf den Priester, der daselbst im Dienste Jahwes, deines Gottes, steht, oder auf den Richter nicht zu hören, der soll sterben.»), zum jüdisch rechtsgültigen Grund, ihn mit jüdisch gutem Gewissen zum Tod verurteilen zu können.[91]

Markus 14,66–72
Verleugnung des Petrus
E 95

Es gibt keinen Grund, die Erzählung, daß Petrus vor Leuten aus dem Personal des Hohenpriesters beteuert habe, er kenne Jesus nicht, für eine spätere Legende zu halten. Es spricht alles dafür, daß die Verleugnung des Petrus ein historisches Faktum ist.

Markus 15,1–5
Jesu Verhör vor Pilatus
E 96

Die knappe Schilderung des Verhörs Jesu durch den römischen Präfekten Pilatus ist ein kerygmatisierter Bericht, dürfte aber zutreffend festhalten, daß die Hohenpriester Jesus wegen politischer Rebellion anklagten und daß Jesus zu den Anklagen schwieg.

Markus 15,6–15
Die Freigabe des Barabbas und Jesu Auslieferung zur Kreuzigung
E 95

Die Erzählung, Pilatus habe der Volksmenge angeboten, zwischen der Freigabe Jesu und der Freigabe des wegen Mordes inhaftierten Barabbas zu wählen, muß auf historischen Informationen beruhen, aber der Erzähler setzt deutlich wertende Akzente, wo er die Motivationen der Akteure beschreibt.

Markus 15,16–20b
Die Verspottung Jesu durch die Soldaten
E 97

Für die Überlieferungsqualität der Szene der Verspottung Jesu durch die römischen Soldaten spricht neben ihrem hohen Alter vor allem das Fehlen einer christologischen Behandlung des Stoffes.

Markus 15,20b–24
Die Kreuzigung Jesu
E 98

Das alte Erzählstück aus der vormarkinischen Passionsgeschichte überliefert historisch glaubwürdige Umstände der Kreuzigung Jesu.

Markus 15,25–32
Die Verspottung Jesu am Kreuz
E 98

Der alte, vormarkinische Text überliefert historische Informationen: die Tageszeit der Kreuzigung, eine Angabe über die Schuldaufschrift und die Mitkreuzigung zweier Zeloten. In der Beschreibung der Verspottung Jesu wechselt der eher nüchterne Berichtsstil in eine wertende, mit Schriftanklängen arbeitende Darstellung.

Markus 15,33–39
Der Tod Jesu am Kreuz
E 98

Der Bericht vom Tode Jesu gehört zur ältesten Passionstradition, auch wenn er symbolische und legendäre Elemente (die Sonnenfinsternis, das Zerreißen des Tempelvorhanges und das Bekenntnis des römischen Hauptmanns: «Dieser Mensch war in Wahrheit Gottes Sohn») enthält.

«Jesus rief mit lauter Stimme» ist aufgrund einer Rückübersetzung ins Aramäisch richtig wiederzugeben mit «Jesus betete laut». «Eloi, Eloi, lema sabachtani» ist der Anfangsvers des 22. Psalms, der bei den Juden von Sterbenden gesprochen wurde und als ‹Sterbepsalm› galt. Mit dem Anfang dieses Psalmgebetes wurde der ganze Psalm benannt, so wie man im Deutschen das Gebet, das mit «Vater unser» beginnt, einfach das ‹Vaterunser› nennt. Die richtige Übersetzung lautet demnach «Jesus betete laut den Sterbepsalm».[92]

Es wurde verschiedentlich die Ansicht vertreten, Jesus sei nicht am Kreuz gestorben, sondern habe die Kreuzigung überlebt. Mit den Büchern «Das Jesus Komplott. Die Wahrheit über das ‹Turiner Grabtuch›» von H. Kersten und E.R. Gruber und «Kriminalfall Golgatha» von K. Herbst wurde dieses Thema neu aktuell. Dazu ist zu sagen: Bis auf weiteres handelt es sich um eine Hypothese. Aber es ist möglich, daß Jesus noch lebte, als er von Joseph von Arimatäa vom Kreuz herabgenommen wurde, daß Jesus von ihm in Pflege und Gewahrsam gebracht und bis zu seinem Tod, den Lukas als ‹Himmelfahrt› beschrieb, von seinen Schülern gesehen bzw. besucht wurde. Aus den überlieferten Evangelientexten lassen sich Anhaltspunkte für beide Versionen herauslesen: Sind das leere Grab und die Beschreibung des Jesus, wie er seinen Schülern in den Ostertagen ‹erschien›, als Mensch aus Fleisch und Blut, der einen gebratenen Fisch aß, nicht legendäre, sondern historische Bestandteile der Ostererzählungen? Wann fand das Ostererlebnis der Schüler Jesu statt, zu Ostern oder, wie Lukas beschrieb, zu Pfingsten? Dazu muß auch folgendes bedacht werden: Sollte Jesus die Kreuzigung überlebt haben und Joseph von Arimatäa ihn gepflegt und in Gewahrsam genommen haben, so mußte das insgeheim geschehen und verheimlicht werden; denn Jesus war ja als Staatsverbrecher hingerichtet worden. Es ist jedenfalls abwegig, in der Version vom ‹überlebenden Jesus› eine revolutionäre Sensation zu erblicken. Denn ob Jesus schon am Kreuz oder erst ein paar Tage oder Wochen später an den Folgen der Kreuzigung gestorben ist, welcher grundsätzliche Unterschied sollte da bestehen?

Markus 15,40-41
Die Frauen beim Kreuz Jesu
E 98

In dem kurzen berichtenden Erzählstück wird die Kreuzigung durch Frauen aus der Urgemeinde bezeugt, und gleichzeitig werden einige Jesus besonders verbundene Schülerinnen vorgestellt. Daß es zahlreiche Frauen gewesen seien, dürfte ein Zusatz des Verfassers sein.

Markus 15,42-47
Das Begräbnis Jesu
E 99

Das alte Erzählstück der vormarkinischen Passionsgeschichte überliefert die historischen Informationen, daß Jesus an einem Freitag hingerichtet wurde und daß das angesehene Ratsmitglied Joseph von Arimatäa Jesus noch am selben Abend vom Kreuz abnehmen und bestatten ließ, nachdem er von Pilatus die Freigabe des Leichnams erreicht hatte. Die restlichen Teile der Erzählung (daß das Grab ein Felsengrab mit einem Rollstein war und daß Maria von Magdala und Maria, die Mutter des Joses, beobachteten, wo Jesus begraben wurde) sind offensichtlich eine Vorbereitung auf die nachfolgende Legende des Besuches der Frauen am leeren Grab (16,1-8), und vielleicht selbst legendären Charakters.

Markus, 16, 1-8
Der Besuch der Frauen am Grab Jesu
E -

Siehe hierzu: Das Ostererlebnis, oben S. 47ff.

Markus 16,9-20
Zusammenfassung der Ostererzählungen
E -

Der sogenannte ‹längere Markus-Schluß› gehört nicht zum ursprünglichen Markus-Evangelium, sondern wurde ihm früh im 2. Jahrhundert angefügt.

Matthäus-Evangelium

Matthäus 1,1–2,23
Kindheitsgeschichte Jesu
E –

Es handelt sich bei den Geburtsgeschichten von Matthäus und Lukas um historisch weithin ungesicherte, unter sich widersprüchliche, stark legendäre und letztlich theologisch motivierte Erzählungen eigener Prägung.[93] «Die Analyse der Geburtsgeschichten bei Matthäus und Lukas hat ergeben, daß es sich ausschließlich um legendarischen Stoff handelt.»[94]

Matthäus 3,1–12
Johannes als Wegbereiter Jesu
E 1.2

Johannes predigte wie Jesus die Notwendigkeit einer ‹Metanoia›, einer Umkehr, aber im Hinblick auf das nahende Weltgericht, von dem er geradezu besessen war, und nicht im Hinblick auf das kommende Gottesreich, das Jesus verkündete. Die Predigt des Johannes war keine in seiner Absicht liegende Vorbereitung auf Jesus.[95] Die auf Jesus bezogenen Sätze «Der nach mir Kommende ist stärker als ich. Ich bin nicht würdig, ihm die Sandalen auszuziehen» wird man als nachträgliche christliche Ergänzung ansprechen müssen. Sie konnten erst im nachhinein entstehen, als man Johannes als den Vorläufer Jesu interpretierte.

Matthäus 3,13–17
Jesu Taufe durch Johannes
E 1.2

Das Gespräch zwischen Jesus und Johannes über den Sinn der Taufe Jesu durch Johannes spiegelt vermutlich die Auseinandersetzung über dieses Thema aus frühchristlicher Zeit wider. Siehe Befund zu Markus 1,1–13.

Matthäus 4,1–11
Jesu Versuchungen
E –

Die Erzählung von den Versuchungen Jesu durch den Teufel in der Wüste ist ein legendäres Streitgespräch zwischen Jesus und dem Teufel und will zeigen, daß Jesus wirklich der ‹Sohn Gottes› ist, das heißt der Gehorsame, der Gesetzestreue.[96] Historisch ist nur, daß sich Jesus möglicherweise vor seinem Auftreten in die Wüste zurückzog.

Matthäus 4,12–16
Jesus – Licht für Galiläa
E 2

Die Mitteilungen über den Verbleib Jesu nach seiner Taufe und der Lobpreis der Gegenden, in die Jesus nach seiner Taufe zog, enthalten als historische Information lediglich die Mitteilung, daß Galiläa das zentrale Wirkungsgebiet Jesu war.

Matthäus 4,17–22
Berufung der ersten Schüler
E 3

Siehe Befund zu Markus 1,16–20.

Matthäus 4,23–25
Das ganze Volk versammelt sich bei Jesus in Galiläa
E 39.1

Matthäus 5,1–7,27
Die Bergpredigt
Einleitungssatz vor E 4

Die Einleitungssätze schaffen die Kulisse für die sogenannte ‹Bergpredigt›, in der Matthäus Kernstücke der Botschaft Jesu zusammengetragen hat. Wie ein Vergleich mit der ‹Feldrede› im Lukas-Evangelium (6,20–49) ergibt, hat Matthäus die seiner ‹Bergpredigt› und der ‹Feldrede› des Lukas zugrundeliegende Vorlage erheblich erweitert und ausgebaut. Der Umfang der gemeinsamen Vorlage dürfte ungefähr dem Lukas-Text entsprechen. Die Komposition der Reden ist sicher das Werk der Überlieferer beziehungsweise der Evangelisten.

Matthäus 5,2–12
Die Seligpreisungen
E 4

Von den sogenannten ‹Seligpreisungen› kommen als unmittelbare Jesus-Worte nur die auch von Lukas referierten Seligpreisungen der Armen, Hungernden, Weinenden und verfolgten Anhänger Jesu in Frage. Siehe Befund zu Lukas 6,20–26.

Matthäus 5,13–16
Die große Aufgabe
E 12.2 (Vers 13) E 14.1 (Vers 14) E 16 (Vers 15)

Das Wort Jesu an seine Schüler, sie seien das Salz der Erde, das man aber wegwerfe, wenn es nicht mehr tauge, war sicher kein Drohwort und auch nicht ein Definitionswort für seine Schüler.

Matthäus 5,17–20
Jesus erfüllt Gesetz und Propheten
E –

Bei dem Text mit dem vieldiskutierten Satz «Bis der Himmel und die Erde vergehen, wird kein Häkchen vom Gesetz vergehen» (Vers 18) handelt es sich wahrscheinlich um eine Auseinandersetzung über die Thora in frühen judenchristlichen Gemeinden. Dafür spricht der beachtenswerte Unterschied zwischen der Rigorosität des vorzitierten Verses 18 und der Liberalität des Verses 19 «Wer eines der geringsten Gebote (des Gesetzes) aufhebt und die Menschen so lehrt, wird der Geringste heißen im Gottesreich».

Der Schluß («Ich sage euch: Wenn eure Gerechtigkeit die der Schriftgelehrten und Pharisäer nicht bei weitem übertrifft, werdet ihr nicht in das Gottesreich eingehen») und vielleicht auch die Einleitung («Meint nicht, daß ich gekommen bin, das Gesetz oder die Propheten aufzulösen, sondern zu erfüllen») wurden erst von Matthäus hinzugefügt.

Matthäus 5,21–26
Die erste Antithese: Versöhnung statt Morden und Zürnen
E 5.1 (Verse 21–22a) E 7.1 (Verse 23–24)

Vor dem Hintergrund des Gebotes der Thora «Du sollst nicht morden» fordert Jesus absolute Versöhnlichkeit, auch in Gedanken.

In dieser Antithese zwischen Thoragebot und seiner Forderung leitete Jesus seine Forderung nach Versöhnlichkeit nicht aus der Thora ab, aber er stellte seine Weisung so dar, daß die Thora in einem neuen Licht erscheint. Das Bildwort von der Versöhnung, die auch Vorrang hat vor der Opfergabe im Tempel, weist sich als jesuanisch aus. Das Bildwort vom Richter und vom Gefängnis hingegen, dem der unversöhnliche Mensch verfällt, ist in seiner überlieferten Form sekundären Ursprungs.

Matthäus 5,27–30
Die zweite Antithese: Zum Ehebruch
E 5.2 (Verse 27–28) E 14.2 (Verse 29–30)

Zu den Versen 29–30 (über das Ärgernis) siehe Befund zu Markus 9,42–50.

Matthäus 5,31–32
Die dritte Antithese: Die Entlassung der ehebrecherischen Frau
E 62

Das Logion über die Entlassung einer ehebrecherischen Frau aus der Ehe stammt ursprünglich aus dem Streitgespräch Jesu mit Pharisäern über die Ehescheidung und wurde von Matthäus auch an die vorausgehende Antithese angehängt. Siehe Befund zu Matthäus 19,1–12.

Matthäus 5,33–37
Die vierte Antithese: Der Eid
E 5.3

Die in diesem Text vorliegende Antithese, den Alten sei geboten worden, keinen Meineid zu schwören, Jesus hingegen habe geboten, überhaupt nicht zu schwören, ist eine nachträgliche Umformulierung der ursprünglichen Aufforderung Jesu zur Wahrhaftigkeit.

Matthäus 5,38–42
Die fünfte Antithese: Gewaltverzicht
E 5.4

Trotz ihrer wohldurchdachten Strukturiertheit ist anzunehmen, daß die Logien dieses Abschnittes einmal als Einzelsprüche im Umlauf waren. Ihre antithetische Einkleidung «Ihr habt gehört, daß gesagt wurde..., ich aber sage euch...» ist sekundär.

Aber ihre Originalität und Radikalität weisen sie als jesuanisch aus. Jesus sprach dabei aber nicht über die Thora und den Grundsatz ‹Auge um Auge und Zahn um Zahn›.

Für den Satz vom Weggeleit, das die Juden den Römern geben sollten, aber auch vom Schlag auf die Wange, den die Menschen mit Gewaltverzicht erwidern sollten, kann als Background die Kritik Jesu an der zelotischen Gesinnung und Praxis vermutet werden. Jesus brach damit die Spirale der Gewalt auf.

Matthäus 5,43–48
Die sechste Antithese: Feindesliebe
E 5.4

Die antithetische Einleitung «Ihr habt gehört, daß gesagt wurde: Liebe deinen Nächsten und hasse deinen Feind. Ich aber sage euch: Liebt eure Feinde» ist sekundär. Beim Wort, die Feinde seien zu hassen, handelt es sich um ein nachträgliches Auslegungszitat.

Auch in diesem Abschnitt sind ursprünglich selbständige Logien zusammengetragen. Mit der Weisung, für die Verfolger zu beten, wird bereits die Situation der frühchristlichen Gemeinde eingeblendet.

Das Gebot der Feindesliebe ist so zu verstehen, daß es für jede Freund-Feind-Situation gilt: Unterschiedslose Liebe zu jedem Menschen. Sie wird dem ‹normalen› zwischenmenschlichen Verhalten gegenübergestellt, für das aus damaliger jüdischer Sicht die Zöllner und Heiden als Repräsentanten angesehen wurden.

Matthäus 6,1–4
Über das Almosen
E –

Dem Text zufolge hat Jesus gesagt, Almosen nicht zu geben, um von den Menschen gesehen zu werden, sonst würden sie von Gott dafür keinen Lohn erhalten.

Dieser Text ist als nachjesuanisch anzusehen. Dasselbe gilt vom nächsten Abschnitt über das Beten (6,5–8) und vom Abschnitt über das Fasten (6,16–18). Die ganze Textkette begreift sich als Weiterführung und Anwendung jesuanischer Intentionen in freier Gestaltung auf die Situation der frühchristlichen Gemeinden.

Matthäus 6, 5–8
Über das Beten
E –

Siehe vorangehenden Befund (6,1–4).

Matthäus 6,9–13
Das ‹Vaterunser›
E 49

Für die Rückfrage nach dem ursprünglichen Gebetstext des ‹Vaterunser›
kommt nur der im Lukas-Evangelium (11,2–4) überlieferte Text in Frage,
der im Matthäus-Evangelium um eine aufgefüllte Gebetsanrede («Unser
Vater in den Himmeln») und um zwei Bitten («Dein Wille geschehe wie im
Himmel so auf Erden» und «Erlöse uns vom Bösen») erweitert wurde.

Das griechische Adjektiv «epiousios» zu ‹Brot› in der Bitte um das tägliche Brot ist ein Rätsel, denn dieses Wort ist in der griechischen Literatur
kaum zu belegen. Für seine Bildung, die vielleicht erst durch den Evangelisten erfolgte, kommen zwei Ableitungen in Frage, von denen die eine zur
Bedeutung ‹künftig, für den nächsten Tag›, die andere zur Bedeutung
‹zum Leben nötig› führt. Da die Brotbitte bereits einen Zeitbegriff
(‹heute›) enthält, bleibt als sinnvolle Bedeutung nur die zweite Interpretation. Das ‹heute› steht in dieser Bitte, weil sie wohl als Morgengebet gedacht war.

Die meist mit «Führe uns nicht in Versuchung» übersetzte letzte Bitte ist
richtiger wiederzugeben mit «Bewahre uns vor der großen Versuchung».[97]

Matthäus 6,14–15
Über das Vergeben
E 7.2

Die Version bei Markus 11,25 dürfte ursprünglicher sein.

Matthäus 6,16–18
Über das Fasten
E –

Dieser Abschnitt über angebliche Anweisungen Jesu, nicht wie die Heuchler zu fasten, um von den Menschen gesehen zu werden, spiegelt frühchristliche Verhältnisse und die Auseinandersetzung der Kirche mit der
Synagoge. Siehe Befund zu 6,1–4.

Matthäus 6,19–21
Über das Schätzesammeln
E 10.1

Der Text handelt vom Sammeln vergänglicher und unvergänglicher Schätze. Die Version bei Lukas 12,33 dürfte die ursprünglichere sein. Der Satz «Wo euer Schatz ist, dort ist auch euer Herz» dürfte erst später hinzugekommen sein.

Matthäus 6,22–24
Licht oder Finsternis – Gott oder Mammon
E 8 (Verse 22–23) E 10.2 (Vers 24)

Matthäus 6,25–34
Die Ablenkung von der rechten Sorge
E 6.1

Der Matthäus-Text ist weithin unversehrter als der bei Lukas 12,22–31. Verschiedene Sätze beziehungsweise Wörter scheinen aber spätere Zutaten zu sein, so die Frage «Wer von euch vermag mit seinen Sorgen seiner (Lebens)Länge eine einzige Elle hinzuzufügen?» sowie der pessimistische Schluß «Sorget euch also nicht um den morgigen Tag, denn der morgige Tag wird für sich selber sorgen. Jeder Tag hat genug an seiner eigenen Plage».

Matthäus 7,1–6
Heuchlerisches Zurechtweisen
E 9

Der letzte Vers, das Heilige nicht den Hunden zu geben und die Perlen nicht den Schweinen hinzuwerfen, ist spätere Zutat.

Matthäus 7,7–11
Die große Zuversicht
E 6.2

In diesem Abschnitt spricht Jesus über den Erfolg des Gebetes: Wenn schon jeder Mensch seinem Kind, das ihn um Brot bittet, nicht einen Stein gibt, oder einem Kind, das ihn um einen Aal bittet, nicht eine Schlange gibt, wieviel weniger könne dann Gott den Menschen das Gute, um das sie ihn bitten, abschlagen.

Die Matthäus-Version dieses Logions ist ursprünglicher als die Lukas-Version (11,9–13). In der Lukas-Version wurde den Ähnlichkeitspaaren Brot – Stein und Aal – Schlange noch das Paar Ei – Skorpion hinzugefügt, das der Ähnlichkeit ermangelt. Dadurch wurde der Reiz des ursprünglichen Bildwortes zerstört. Im letzten Satz ersetzte Lukas «Gutes», das Gott den Bittenden geben wird, durch «Heiligen Geist».

Matthäus 7,12
Die Goldene Regel
E –

Die Goldene Regel «Alles, was ihr wollt, daß euch die Menschen tun, das tut auch ihnen» ist auch im zeitgenössischen Judentum anzutreffen. Das Judentum übernahm die Regel aus dem Griechischen. Als ihr ältester Beleg in der griechischen Literatur gilt Herodot 3,142,3: «Ich will nicht tun, was ich am Nachbarn tadle.» Darüber hinaus kann man davon ausgehen, daß sie in nahezu allen höheren Religionen gelehrt worden ist. Von Konfuzius wird bezeugt, daß er, gefragt, wonach man sich sein ganzes Leben lang richten könne, antwortete: «Die Nächstenliebe. Was du selbst nicht willst, das tue auch keinem andern.» Daß Jesus die Regel in seiner Verkündigung verwendete, ist möglich, beweisen läßt es sich nicht.

Matthäus 7,13–14
Die zwei Tore und die zwei Wege
E 65.2

Es kann einigermaßen als sicher angenommen werden, daß in diesem Bildwort vom breiten Weg und weiten Tor in das Verderben und vom schmalen Weg und engen Tor in das Leben die Rede von den Wegen und vom weiten Tor nachträgliche Ergänzungen sind und daß nur die Rede vom engen Tor in das Leben (so bei Lukas 13,24) ursprünglich ist.

Matthäus 7,15–23
Die Verwerfung der falschen Propheten
E –

Die Auseinandersetzung mit den falschen Propheten datiert nicht aus der Zeit Jesu, sondern aus der frühchristlichen Situation. Auch der Dialog Jesu, des Weltenrichters, mit denen, die den Willen Gottes nicht erfüllt haben, ist von später. Jesus sprach niemals von sich als dem Endzeitrichter.

Matthäus 7,24–27
Der Kluge und der Tor. Das Gleichnis von der Sturmflut
E 11

Matthäus 7,28–8,1
Die Reaktion der Volksscharen auf die Bergpredigt
Nachwort nach E 11

Den Satz «Als er aber vom Berg herabstieg, folgten ihm viele Volksscharen nach» hat Matthäus der Überlieferung hinzugefügt.

Matthäus 8,2–4
Der Aussätzige
E –

Siehe hierzu den Befund zu Markus 1,40–45.

Matthäus 8,5–13
Der römische Hauptmann
E 41 (Verse 5–10 und 13) E 55.4 (Verse 11–12)

Bei dieser Erzählung von der Heilung des Hausklaven eines römischen Hauptmanns in Kafarnaum handelt es sich wahrscheinlich um eine konkrete Erinnerung aus dem Wirken Jesu. Die Lukas-Version (7,2–10) enthält Elemente, die der von Matthäus wiedergegebenen Überlieferung hinzugefügt wurden. Die Angabe der Stunde der Heilung wurde hingegen von Matthäus hinzugefügt. Der Grund für die erstaunte Frage Jesu, er solle in das Haus des Hauptmanns kommen, liegt im Verbot für die Juden, das Haus eines Heiden zu betreten.

Das prophetische Wort vom Zustrom der Völker zum Festmahl mit Abraham und vom Ausschluß Israels (Verse 11–12) wurde sekundär mit der Erzählung verknüpft. Die Worte von der äußersten Finsternis, in der Heulen und Zähneknirschen sein wird, ist eine Matthäus eigene Prägung. Das Zähneknirschen mag im Kontext als bitterer Selbstvorwurf interpretiert werden. Bei welcher Gelegenheit Jesus dieses prophetische Wort ausgesprochen hat und an welche Adressaten er es gerichtet hat, ist nicht überliefert; wahrscheinlich war es an die jüdischen Hierarchen gerichtet.

Matthäus 8,14–17
Im Haus des Petrus
E 37.2

Vorlage zu diesem Abschnitt war ausschließlich Markus 1,29–34. Die Geschichte von der Heilung der Schwiegermutter des Petrus hat die Erinnerung an eine konkrete Heilungstat aufbewahrt, mag sie auch nur noch wenige Details bieten. Gleichzeitig ist ihr zu entnehmen, daß Petrus, nach Johannes 1,44 aus Betsaida gebürtig, in das Haus seiner Schwiegereltern umgezogen war, vermutlich in Verbindung mit seiner Heirat. Siehe auch Befund zu Markus 1,21–39.

Matthäus 8,18–22
Verschiedene Nachfolger
E 66 (Verse 19–20) E 60.5 (Verse 21–22)

Die beiden Kurzerzählungen von zwei Menschen, die Schüler Jesu werden wollten, stammen aus der Logiensammlung Q.

In der ersten Berufungsszene (Verse 19–20. E 66) ersetzte Matthäus den ursprünglich unbestimmten Bittsteller durch einen Schriftgelehrten. Der Menschensohntitel in der Antwort Jesu drang wahrscheinlich erst sekundär in das Logion ein und ersetzte im Vers 20 das ursprüngliche «ich».

In der zweiten Berufungsszene (Verse 21–22. E 60.5) fügt Lukas (9,57–62) dem Wort vom Begraben der Toten nachträglich das Wort «Du aber geh hin und verkünde das Gottesreich» hinzu. Die schockierende Härte des Logions «Laß die Toten ihre Toten begraben» beziehungsweise «Laß die Toten um ihre Toten trauern» darf nicht dazu verleiten, dessen Historizität zu bezweifeln. Dieses Wort gewährt einen Blick in die unergründbare Intensität und Unmittelbarkeit, mit der Jesus die Vision vom Gottesreich erlebt haben muß, in dem es keine Toten, sondern nur Lebende gibt, und in dem jede Trauer um Tote ihren Sinn verloren hat.

Matthäus 8,23–27
Der Seesturm
E –

Siehe Befund zu Markus 5,35–41.

Matthäus 8,28–34
Die Ablehnung der Gadarener
E –

Siehe Befund zu Markus 5,1–20.

Matthäus 9,1–8
Die Vollmacht der Sündenvergebung
E 42

Siehe Befund zu Markus 2,1–12.

Matthäus 9,9–13
E 43

Siehe Befund zu Markus 2,13–17.

Matthäus 9,14–17
Fasten. Mischt nicht Neu und Alt
E 44 (Verse 14–15) E 15 (Verse 16–17)

Bezüglich Fasten siehe Befund zu Markus 2,18–20.

Matthäus 9,18–26
Vom Glauben in Krankheit und Tod
E 51

Siehe Befund zu Markus 5,21–43.

Matthäus 9,27–31
Der Glaube der Blinden
E –

Die entstehungsgeschichtliche Analyse dieser Erzählung von der Heilung zweier Blinder läßt kein historisches Ereignis erkennen.

Matthäus 9,32–34
Die Reaktionen auf Jesu Wunder
E –

Dieser Abschnitt ist eine Doublette zu Matthäus 12,22–24. Siehe Befund zu Matthäus 12,22–37.

Matthäus 9,35–38
Die große Ernte
E 39.1

Der Text scheint aus verschiedenen Teilstücken zusammengetragen. Der Vers 35 berichtet wie Matthäus 4,23 und Markus 1,39 über die Predigt Jesu in Städten und Dörfern, der Vers 36 über Jesu Mitleid mit der armseligen Bevölkerung und ist eine Parallele zu Markus 6,34. Die Verse 37–38 vom großen Erntefeld des Gottesreiches und den wenigen Arbeitern entsprechen der Situation der Spruchsammlung Q und dürften erst zur selben Zeit wie diese entstanden sein. Siehe Befund zu Markus 1,21–39.

Matthäus 10,1–4
Die Bevollmächtigung der Zwölf
E 38

Siehe Befund zu Markus 3,13–19.

Matthäus 10,5–15
Die Aussendung der Zwölf zu Israel
E 54.1

Das Logion vom Verbot, zu den Heiden oder Samaritern zu gehen, dürfte aus der frühchristlichen Auseinandersetzung um diese Missionen entstanden sein. Siehe Befund zu Markus 6,7–13.

Matthäus 10,16–25
Die Gefährdung und Tötung der Schüler Jesu
E 68.2 (Verse 19–20) E 68.1 (Verse 24–25)

Wie sich ganz allgemein in den Evangelien Geschichte Jesu und Geschichte des frühesten Christentums gegenseitig durchdringen, so im vorliegenden Fall die Verhaltensanweisungen Jesu an seine Schüler und in noch stärkerem Maße die Missionserfahrung der frühen Gemeinden. Auch die Verfolgungslogien, die weitgehend diesen Abschnitt bestimmen, geben vordringlich Erfahrungen der frühchristlichen Missions- und Gemeindepraxis wieder.

Ein unmittelbares, rekonstruierbares Jesus-Wort liegt in den Versen 24–25 (E 68.1) vor, das gelautet haben dürfte: «Der Schüler ist nicht über dem Lehrer. Es genügt dem Schüler, daß er werde wie sein Lehrer.» Vielleicht gehen auch die Verse 19–20 (68.2) auf Jesus zurück: «Wenn sie euch ausliefern, sorgt euch nicht im voraus. Was euch in jener Stunde eingegeben wird, das redet! Denn nicht ihr werdet reden, sondern der Geist Gottes.»

Matthäus 10,26–33
Aufforderung zu Furchtlosigkeit und Bekennermut
E 68.3

Im Text sind ursprüngliche Einzellogien versammelt. Zu den Versen 26–27, daß alles Verborgene offenbart werde, siehe Befund zu Markus 4,21–23. Der Vers 28, die Schüler Jesu sollten sich nicht vor jenen fürchten, die nur den Leib, aber nicht die Seele töten könnten, stammt aus frühchristlicher Zeit. Die Verse 29–31, daß Gott keinen einzigen Spatz vergesse, und der Mensch mehr wert sei als viele Spatzen, sowie die Verse 32 und 33 (deren Fassung bei Lukas 12,8–9 ursprünglicher ist), Jesus werde jeden, der ihn vor den Menschen bekennt, auch vor Gott bekennen, sind vermutlich Jesus zuzuschreiben.

Matthäus 10,34–35
Frieden oder Schwert?
E 12.2

Die Formulierung der Einleitung «Meint nicht,...» ist sekundär. Die Worte von Frieden und Schwert sind Jesus-echt, nur betrifft die Aussage von der Gegensätzlichkeit nicht die Menschen, sondern die Überzeugungen.

Matthäus 10,36–37
Absolute Priorität der Nachfolge Jesu
E 60.3

Der Text schreibt das Wort des Propheten Micha (7,6c) «Die eigenen Hausgenossen sind des Menschen Feind» und dessen anschließende Anwendungsinterpretation, die sekundär ist, Jesus zu. Die ursprünglichere Version über die absolute Priorität der Nachfolge Jesu steht bei Lukas 14,26.

Matthäus 10, 38–39
Die Kreuzesnachfolge
E 60.1

Der Text ist eine Doublette zu Matthäus 16,24. Siehe Befund zu Markus 8,34–39.

Matthäus 10,40–11,1
Die Aufnahme der Boten
E –

Ursprünglich dürfte es sich um die Aufnahme hilfloser Kinder, nicht der Schüler Jesu gehandelt haben. Siehe Befund zu Markus 9,36–37. Das Wort über die Aufnahme von Propheten ist sekundär.

Matthäus 11,2–6
Jesu Antwort an den Täufer
E –

Die Historizität der Anfrage Johannes des Täufers, ob Jesus der erwartete Messias sei, ist unsicher. Denn für ihn war der ‹Kommende› der Feuerrichter des Weltgerichts. Der Text dürfte aus der Zeit stammen, als man christlicherseits die Vorläuferrolle des Täufers für Jesus in Anspruch nahm. (Siehe oben Apokalyptik, S. 46f.)

Matthäus 11,7–15
Die Bedeutung des Johannes des Täufers
E 48.1

Die Worte der Hochachtung vor Johannes dem Täufer sind auf Jesus zurückzuführen. Das Schriftzitat «Siehe, ich sende meinen Boten vor dir her, der deinen Weg bereiten wird vor dir» verrät aber theologische Reflexion der frühchristlichen Gemeinde. Das Wort, der Täufer könne Elija sein, ist Matthäus-Redaktion.

Die Verse 12–13 «Seit den Tagen des Täufers Johannes bis jetzt leidet das Gottesreich Gewalt; und die Gewalt gebrauchen, reißen es an sich. Denn alle Propheten und das Gesetz bis zu Johannes haben es nur vorherverkündet» lauten bei Lukas 16,16 «Das Gesetz und die Propheten galten bis Johannes; von da an wird die Frohbotschaft vom Gottesreich verkündet, und jeder versucht mit Gewalt hineinzukommen». Diese Verse sind wahrscheinlich keine Jesus-echten Worte, sondern eine frühchristliche Reflexion, die bei aller Hochachtung der Propheten einschließlich Johannes die entscheidende Zäsur unterstreicht, die zwischen der Zeit der Propheten einschließlich Johannes und der neuen Zeit, die mit Jesus beginnt, besteht.[98]

Matthäus 11,16–19
Das Gleichnis von den zankenden Kindern
E 48.1

Der Schlußsatz «Und die Weisheit wird von ihren Werken gerechtfertigt» ist spätere Bildung.

Matthäus 11,20–24
Die unbußfertigen galiläischen Städte
E –

Die Ansichten über die Historizität des Weherufs und Drohwortes Jesu über die unbußfertigen Städte Galiläas sind geteilt.

Matthäus 11,25–30
Das Geheimnis des Sohnes
E 12.6 (Verse 28–30)

Der Text besteht aus drei Teilen.

Im ersten Teil (Verse 25–26) preist Jesus Gott, weil er sich den gewöhnlichen Menschen offenbart habe und nicht den Gottesgelehrten.

Im zweiten Teil (Vers 27) spricht Jesus über sein Verhältnis zu Gott, seinem Vater.

Wieweit diese beiden Teile, die aus der Spruchsammlung Q stammen, auf Jesus zurückgehen, ist schwer zu entscheiden.[99]

Im dritten Teil (Verse 28–30. E 12.6), der aus der Sonderüberlieferung des Matthäus stammt, lud Jesus alle, die unter der täglichen Mühsal und unter dem Joch des Gesetzes standen, zur Nachfolge ein.

Matthäus 12,1–8
Sabbat und Unbarmherzigkeit sind nicht vereinbar
E 45

Matthäus diente für diesen Text Markus 2,23–28 als Vorlage. Siehe dortigen Befund.

Matthäus 12,9–14
Die Sabbatpraxis Jesu
E 46

Die Vorgabe war Markus 3,1–6.

Matthäus 12,15–21
Der Knecht Gottes
E –

Siehe Befund zu Markus 3,7–12.

Matthäus 12,22–37
Verteidigung gegen den Vorwurf des Satansbündnisses
E 47.2

Der Abschnitt und insbesondere die Rede Jesu ist aus heterogenen Elementen zusammengesetzt. Die eingangs erwähnte Krankenheilung ist nicht Erzählungsgegenstand und wird sozusagen nur am Rande beschrieben. (Bei Matthäus 9,32b–33 und bei Lukas 11,14 handelt es sich nur um einen Stummen, hier um einen Stummen und Blinden zugleich.) Schwerpunkt sind vielmehr die Reaktionen der Anwesenden, von denen sich die einen für, die anderen gegen Jesus entscheiden. Die sich gegen Jesus entscheiden, waren wahrscheinlich nicht «Schriftgelehrte, die von Jerusalem heraufgekommen waren», wie Markus (3,13–19) schreibt, sondern «einige aus dem Volk», wie Lukas (11,15) schreibt. Die Verteidigungsrede Jesu inklusive das Gleichnis vom Stärkeren und das Logion im Vers 28, daß sich die Ankunft des Gottesreiches auch in den Heilungen Jesu kundtue, sowie das selbständige Logion in Vers 30 «Wer nicht mit mir ist, der ist gegen mich. Wer nicht mit mir sammelt, der zerstreut» gehen wohl auf Jesus zurück, nicht aber die Sentenz von der unvergebbaren Sünde. Die Authentizität der Verse 33–37 (über die guten und schlechten Bäume, die an ihren Früchten zu erkennen sind, und über die unnützen Worte, über die am Tage des Gerichtes Rechenschaft abgelegt werden muß) und des bei Matthäus 7,16–20 teilweise gleichlautenden Textes ist fraglich. Sie dürften als Gemeindebelehrung und nicht als Jesus-Worte anzusehen sein.

Matthäus 12,38–45
Das Jona-Zeichen
E –

Die Ansichten über diesen Text gehen stark auseinander. Schon die Erwähnung in der Spruchsammlung Q, der Prophet Jona sei drei Tage und drei Nächte im Bauch eines Seeungeheuers gewesen (als Hinweis auf die drei Tage Jesu im Grab vor seiner Auferweckung), ist eine sekundäre Bildung. Als historisch darf jedenfalls angesehen werden, daß die Forderung nach einem göttlichen Zeichen zur Bestätigung der Vollmacht Jesu in das

Leben Jesu zurückgreift (vgl. Markus 8,10–13 beziehungsweise E 57.1 und den diesbezüglichen Befund).

Das Logion von der Rückkehr des unreinen Geistes in den von ihm besessenen Menschen, ganz in den Vorstellungen der Zeit dargestellt, könnte vielleicht so verstanden werden, daß es nicht genüge, das Böse zu eliminieren, sondern daß nur das positiv Gute, eben das Gottesreich, das endgültige Heil bringen könne. Aber das ist nur eine Hypothese. Das inhaltlich Gleiche besagt jedenfalls schon das Jesus-Wort bei Markus 3,27 beziehungsweise Matthäus 12,29 (E 47.2).

Matthäus 12,46–50
Jesu wahre Familie
E –

Siehe Befund zu Markus 3,31–35.

Matthäus 13,1–9
Das Gleichnis von der Aussaat
E 17

Die Einleitung, in der die Kulisse zur Gleichnisrede beschrieben wird (Jesus im Boot und die zahlreichen Zuhörer am Ufer des Sees Gennesaret) stammt von Matthäus.

Matthäus 13,10–17
Belehrung über den Zweck der Gleichnisrede
E 29.2 (Vers 12) E 12.1 (Verse 16–17)

Hinsichtlich der Belehrung Jesu über den Sinn seiner Gleichnisrede siehe Befund zu Markus 4,10–12.

Der Vers 12 «Wer hat, dem wird gegeben werden, und er wird im Überfluß haben. Wer aber nichts (dazugewonnen) hat, dem wird auch das genommen werden, was er hat» ist wohl an die Parabel von den Talenten (bzw. Minen) (Matthäus 25,14–30 und Lukas 19,12–17. E 29.2) anzuschließen.

Für den historischen Jesus sind die zwei letzten Verse (16–17 (E 12.1) (in der ursprünglichen Fassung von Lukas 10,23–24) «Glücklich die Augen, die sehen, was ihr seht. Ich sage euch, viele Propheten und Könige wünschten sich, zu sehen, was ihr seht, aber haben es nicht gesehen, und zu hören, was ihr hört, aber haben es nicht gehört» zu reklamieren.

Matthäus 13,18-23
Die Deutung des Gleichnisses von der Aussaat
E –

Siehe Befund zu Markus 4,13-20.

Matthäus 13,24-30
Das Gleichnis vom Unkraut
E 20

Ob das Gleichnis vom Unkraut auf Jesus zurückgeht, kann nicht mit Sicherheit gesagt werden. Die Deutung des Gleichnisses (Schluß und Matthäus 13,36-43) ist jedenfalls späteren Datums.

Matthäus 13,31-32
Das Gleichnis vom Senfkorn
E 19

Matthäus 13,33-35
Das Gleichnis vom Sauerteig
E 22

Der Umstand, daß Jesus das Gottesreich mit dem für die Juden kultisch unreinen Sauerteig vergleicht, dürfte nicht zufällig sein. Die Verse 34.35 sind redaktioneller Abschluß der Gleichnisrede mit einem Schriftzitat. (Psalm 78,2).

Matthäus 13,36-43
Die Deutung des Gleichnisses vom Unkraut
E –

Die Deutung des Gleichnisses vom Unkraut geht nicht auf Jesus zurück.

Matthäus 13,44-46
Die Gleichnisse vom Schatz im Acker und vom Perlenkaufmann
E 30 (Vers 44) E 31 (Verse 45-46)

Trotz ihrer Analogien aus dem alttestamentlichen und jüdischen Bereich gehören diese Gleichnisse vom Schatz im Acker und vom Perlenkaufmann in die Predigt Jesu.

Matthäus 13,47–53
Das Gleichnis vom Fischnetz und das Bildwort vom Hausvater
E 21

Das Gleichnis vom Fischnetz ist Jesus zuzuschreiben, nicht aber dessen Deutung in den Versen 49–50 sowie das Schlußbild vom Hausvater, der Altes und Neues aus seinem Schatz hervorholt. Es verweist in die frühchristliche Gemeinde, in der die Katechese christlichen Schriftgelehrten anvertraut war.

Matthäus 13,54–58
Der Unglaube in Nazaret
E 40

Die Vorlage für die Erzählung des Matthäus vom Besuch Jesu in Nazaret war Markus 6,1–6a. Matthäus hat aber den Schluß geglättet und die Verwunderung Jesu über den Mangel seiner Landsleute an Vertrauen gestrichen. Siehe dortigen Befund.

Matthäus 14,1–12
Das gewaltsame Geschick des Propheten Johannes
E 48.2

Für diesen Abschnitt über das Schicksal des Johannes des Täufers war Markus 6,14–29 die einzige Quelle. Siehe die Befunde zu Markus 6,14–16 und 6,17–29.

Matthäus 14,13–21
Das Mahl der Fünftausend
E –

Siehe Befund zu Markus 6,32–44.

Matthäus 14,22–33
Jesus rettet den sinkenden Petrus
E 50.2

Diese Erzählung, Petrus sei auf dem See Gennesaret Jesus entgegengegangen, habe dann aber das Vertrauen verloren und wäre ertrunken, wenn ihn Jesus nicht gerettet hätte, berichtet nicht ein historisches Ereignis, sondern vielleicht einen Traum des Petrus.[100] Oder es handelt sich um eine Überlieferung, die sich aus dem Ostererlebnis der Schüler Jesu entwickelt hat.

Matthäus 14,36
Krankenheilungen in Gennesaret
E –

Siehe Befund zu Markus 6,53–56.

Matthäus 15,1–20
Auseinandersetzungen um die wahre Unreinheit
E 55.1 (Verse 1–9) E 56 (Verse 10–20)

Bis auf die Bildworte von der Pflanzung, die nicht von Gott stamme und deshalb ausgerissen werde (Vers 13), und vom Blinden, der einen Blinden führe und mit ihm in eine Grube falle (Vers 14), schöpfte Matthäus den ganzen Stoff aus Markus 7,1–23. Ob Jesus die zwei genannten Bildworte, die zu seiner Zeit schon existierten, in dieser polemischen Form benützt hat, ist nicht zu sagen.

Matthäus 15,21–28
Der Glaube der kanaanäischen Frau
E –

Siehe Befund zu Markus 7,24–30.

Matthäus 15,29–31
Krankenheilungen am See
E –

Die Entstehung dieses Sammelberichtes über Heilungen, der sich an Markus 7,31–37 anlehnt, ist auf das Konto von Matthäus zu setzen. Siehe Befund zu Markus 7,31–37.

Matthäus 15,32–39
Das Mahl der Viertausend
E –

Siehe Befund zu Markus 8,1–9.

Matthäus 16,1–4
Erneute Zeichenforderung
E 57.4

Dieser Abschnitt wiederholt die Szene von Matthäus 12,38 in verschärfter Form, ohne Neues zu bringen. Die Verse 2–3 ähneln Lukas 15,54–56 und dürften jüngeren Datums sein als die bei Lukas.

Matthäus 16,5–12
Warnung vor der Lehre der Pharisäer und Sadduzäer
E 14.4

Matthäus ersetzte in der Vorlage Markus 8,14–21 die Warnung Jesu vor dem Sauerteig des Herodes durch die Warnung vor den Sadduzäern. Siehe dortigen Befund.

Matthäus 16,13–20
Die Verheißung für Simon Petrus
E 58

Der Text ist der meist diskutierte des ganzen Evangeliums. Er gibt eine Reihe von Rätseln auf. Den ersten Teil, das Bekenntnis des Petrus, und das Schweigegebot am Schluß übernahm Matthäus von Markus 8,27–30 (siehe dortigen Befund). Er ersetzte jedoch in der Frage Jesu, für wen man ihn halte, «mich» durch «den Menschensohn», und in der Antwort des Petrus «der Gesalbte Gottes» durch «Sohn des lebendigen Gottes». Die anschließende Rede Jesu an Petrus (Verse 17–19) ist nur von Matthäus überliefert. Vermutlich handelt es sich um eine narrative Darstellung einer verlorengegangenen Tradition des Ostererlebnisses des Petrus. Der Ursprung des Vornamens ‹Barjona› ist ungeklärt; vielleicht trug ihn Simon seinerzeit in seiner Heimatgegend. Auch der neue Zuname ‹Kephas›, den Jesus in dieser Erzählung dem Simon gab, gibt Rätsel auf. Mit letzter Sicherheit ist dessen ursprünglicher semitischer Sinn nicht mehr zu eruieren. Bedeutete er ‹Stein, Fundament›, wie es für dieses aramäische Wort sonst belegt ist? Hat ihn Jesus dem Simon eventuell schon gegeben, als er ihn am See Gennesaret zum erstenmal sah und ihn einlud, sein Schüler zu werden? Und wechselte die ursprüngliche Bedeutung des Beinamens dann in der frühchristlichen Zeit zu ‹Fels›, wie Matthäus in seinem Text den Zunamen erklärt? Der Name Kephas bürgerte sich für Simon jedenfalls erst in frühchristlicher Zeit ein. Die Worte ‹ekklesia› (Gemeinde, später: Kirche) und ‹Binden und Lösen› wurden ebenfalls erst durch die frühchristliche Situation geprägt. Die dem Simon Petrus von diesem Text zugewiesene Rolle als Tradent und Garant der Lehre Jesu findet eine Erklärung darin, daß er zweimal der erste war: am See Gennesaret, als ihn Jesus einlud, ihm zu folgen, und nach Ostern, als ihm Jesus als erstem erschien, wie Paulus ausdrücklich hervorhob (1 Korintherbrief 15,5).

Matthäus 16,21–23
Die Petrus-Schelte
E –

Siehe Befund zu Markus 8,31–33.

Matthäus 16,24–27
Die Kreuzesnachfolge
E 60.1

Siehe Befund zu Markus 8,34–38.

Matthäus 16,28
Jesu Naherwartung des Gottesreiches
E 57.5

Siehe Befund zu Markus 9,1.

Matthäus 17,1–8
Die Vorwegnahme der Vollendung
E –

Siehe Befund zu Markus 9,2–13.

Matthäus 17,9–13
Der Abstieg vom Berg
E –

Siehe Befund zu Markus 9,2–13.

Matthäus 17,14–20
Heilung eines epileptischen Jungen
E 52

Siehe Befund zu Markus 9,14–29.

Matthäus 17,22–23
Erneute Leidensankündigung
E 59.1

Siehe Befund zu Markus 9,30–32.

Matthäus 17,24–27
Die Freiheit von der Tempelsteuer
E –

Der Text erzählt, die Einnehmer der Tempelsteuer hätten Petrus gefragt, ob Jesus diese Steuer bezahle, dann habe Jesus mit Petrus darüber gesprochen, ob sie überhaupt zu bezahlen sei, aber schließlich zu Petrus gesagt, er solle die Angel auswerfen, und er werde im Maul des ersten Fisches die Münze zur Bezahlung der Steuer finden.

Der Text spiegelt die frühchristliche Debatte über die Tempelsteuer und darüber hinaus über das Verhältnis der Gemeinde hellenistischer Judenchristen zu Synagoge und Judentum.

Zur Münze im Maul des Fisches siehe: Legenden und Wundergeschichten, oben S. 44ff.

Matthäus 18,1–4
Vom Kindwerden
E 63

Matthäus griff in die Vorgabe Markus 10,13–16 stark ein und gab davon den einen Teil in diesem Abschnitt, den andern Teil in 19,13–15 wieder.

Matthäus 18,5–9
Warnung vor Ärgernissen
E 50.1 (Vers 6) E 14.2 (Verse 8–9)

Zum Vers 5 (Aufnahme der Kinder) siehe Befund zu Markus 9,36–37. Zum Vers 6 (E 50.1) (für einen Menschen, der ein Kind verführt, sei es besser, ihn mit einem Mühlstein um den Hals im Meer zu ertränken) und zu den Versen 8–9 (E 14.2) (über die diversen Versuchungen) siehe Befund zu Markus 9,42–50. Der Weheruf an die Welt und an die Menschen wegen der Ärgernisse (Vers 7) ist Matthäus-Komposition.

Matthäus 18,10–14
Suche nach dem Verirrten
E 13.2 (Vers 10) E 24 (Verse 12–13)

Im Gleichnis vom verirrten Schaf (Vers 12) schlägt K.Herbst[101] statt der bisher üblichen Wiedergabe, ein Hirte, von dessen hundert Schafen sich eines verirrt habe, lasse die 99 in den Bergen zurück, um das verirrte zu suchen, folgende Übersetzung vor: «Der Hirt wird doch nicht die 99 Schafe in den Bergen zurücklassen und weggehen, das verirrte Schaf suchen? – Aber Gott tut es.» Die an das Gleichnis sich anschließende Anwendung in Vers 14 ist eine Anweisung für die frühchristliche Gemeinde, verirrten Gemeindemitgliedern nachzugehen.

Matthäus 18,15–20
Vom Zurechtweisen und gemeinsamen Beten
E –

Diese Jesus in den Mund gelegten Anweisungen über brüderliche Zurechtweisung betreffen frühchristliches Gemeindeleben. Das Wort Jesu in Vers 20, er werde dort, wo zwei oder drei in seinem Namen versammelt seien, in deren Mitte sein, kann nicht dem historischen Jesus zugeschrieben werden, sondern verweist auf das Ostererlebnis der Schüler Jesu (vgl. Matthäus 28,20b und den Befund zu Matthäus 28,16–20).

Matthäus 18,21–35
Vom Vergeben. Das Gleichnis vom verschuldeten Diener
E 13.4 (Vers 22) E 26 (Verse 23–24)

Matthäus leitet die Parabel vom verschuldeten Diener mit der Frage des Petrus ein, wie oft man verzeihen müsse, und mit der bei Lukas 17,3–4 in ursprünglicherer Fassung wiedergegebenen Mahnung Jesu, siebzigmal siebenmal zu verzeihen (Vers 22. E 13.4).

Die Parabel ist authentisch, allerdings ohne den sinnwidrigen Vers 34 mit den Folterknechten und ohne die Gemeindeanwendung in Vers 35.

Mit der unwahrscheinlich hohen Schuldsumme von 10.000 Talenten wollte Jesus vermutlich die alle Vorstellungen übersteigende Barmherzigkeit Gottes deutlich machen.

Matthäus 19,1–12
Gespräche über Ehescheidung und Ehelosigkeit
E 62.1 (Verse 1–9) E 62.2 (Verse 10–12)

Matthäus erweiterte die Vorlage von Markus 10,1–12 über die Unauflöslichkeit der Ehe um eine Ausnahme, deretwegen eine Ehe aufgelöst werden könne: wegen ‹porneia› (Verse 1–9. E 62.1). Die von Matthäus überlieferte Stellungnahme Jesu lautet: «Wer seine Frau entläßt, außer wegen ‹porneia›, und eine andere heiratet, bricht die Ehe.»

«Nach einmütigem Verständnis der Ausleger ist mit ‹porneia› hier Ehebruch gemeint. Immerhin ist zu fragen, ob nicht, im Sinne des alttestamentlichen Sprachgebrauchs, eher an Prostitution gedacht ist. Dann würde nicht ein einzelnes Vergehen der Frau, ein ‹Seitensprung›, ihre Entlassung rechtfertigen, sondern erst das Absinken der Frau zur Dirne und damit die völlige Preisgabe der ehelichen Partnerschaft. Diese Wahrscheinlichkeit ist umso größer, als im Neuen Testament für den bloßen Ehebruch eine andere Terminologie üblich ist.»[102]

Zur authentischen Stellungnahme Jesu zur Ehescheidung siehe den Befund zu Markus 10,1–12.

Das in diesem Abschnitt überlieferte Streitgespräch über die Ehescheidung hat als solches wohl nicht stattgefunden, sondern spiegelt die frühchristliche Gemeindediskussion über dieses Thema.

Die von Matthäus daran angeschlossenen Worte Jesu über die Ehelosigkeit (Verse 10–12. E 62.2) dürfen als authentisch gelten. Jesus fällt mit seiner Begründung der Ehelosigkeit ganz aus dem Rahmen des zeitgenössischen Judentums.

Matthäus 19,13–15
Jesus und die Kinder
E 63

Vorlage hierzu war Markus 10,13–16.

Matthäus 19,16–30
Reichtum behindert die Nachfolge Jesu
E 65.1

Siehe Befund zu Markus 10,17–31.

Matthäus 20,1–16
Das Gleichnis von den Arbeitern im Weinberg
E 28

Das Gleichnis von den Arbeitern im Weinberg ist ureigenes Gut Jesu. Der letzte Vers, wonach die Letzten die Ersten sein würden, ist spätere Zutat.

Matthäus 20, 17–19
Dritte Leidensankündigung
E –

Vergleiche Befund zu Markus 9,30–32.

Matthäus 20,20–28
Falscher Ehrgeiz
E 59.3 (Verse 20–23) E 61 (Verse 24–28)

Der Vers 28c vom Tod Jesu als Lösegeld für die Menschheit ist vermutlich ein eingearbeiteter frühchristlicher Glaubenssatz.
Siehe Befund zu Markus 10,35–45.

Matthäus 20,29–34
Die zwei Blinden von Jericho
E 75

Matthäus veränderte die Vorlage Markus 10,46–52.
Siehe dortigen Befund.

Matthäus 21,1–11
Der Einzug in Jerusalem
E 79

Matthäus verfügte vermutlich nur über die Vorlage Markus 11,1–11, die er aber veränderte und erweiterte.
Siehe dortigen Befund.

Matthäus 21,12–17
Jesus im Tempel. Protest und Heilungen
E 80

Dem von der Vorlage Markus 11,15–17 abhängigen Bericht über den Tempelprotest Jesu fügte Matthäus einen Sammelbericht von Heilungen an. Siehe Befund zu Markus 11,15–17.

Matthäus 21,18–22
Der Fluch über den Feigenbaum. Gottvertrauen
E 53

Vorlage hierzu waren Markus 11,12–14 und 11,20–25, die Matthäus zusammenzog und kürzte.
Siehe Befund zu Markus 11,12–21.

Matthäus 21,23–27
Die verweigerte Antwort auf die Vollmachtsfrage
E 81.1

Matthäus folgte der Vorlage Markus 11,27–33, ohne sie zu verändern. Siehe dortigen Befund.

Matthäus 21,28–32
Das Gleichnis von den ungleichen Brüdern
E 32

Das Gleichnis von den zwei ungleichen Brüdern kann Jesus zugesprochen werden. Er dürfte es aber ausführlicher gehalten haben. Wahrscheinlich muß man mit schriftlicher Fixierung einer mündlichen Vorlage durch Matthäus rechnen. Die einleitende Frage «Was meint ihr?» schuf Matthäus, ebenso den Schlußvers, in dem von Johannes dem Täufer, auf den sogar die Zöllner und Dirnen gehört hätten, die Rede ist. Aber das Wort von den Zöllnern und Dirnen, die vor den angeblichen Frommen in das Gottesreich hineingehen würden, wird wegen seines umstürzlerischen Inhaltes einhellig als authentisches Jesus-Wort angesehen.

Matthäus 21,33–46
Das Gleichnis von den bösen Winzern
E 81.2

Hauptvorlage für das Gleichnis von den bösen Winzern war Markus 12,1–12, aber vielleicht verfügten Matthäus und Lukas über eine zusätzliche Traditionsquelle.

Die Verse 42–44 über den Stein, den die Bauleute verworfen hätten, der aber dann zum Eckstein geworden sei (d.h. Jesus), stammen aus frühchristlicher Gemeindetheologie.

Siehe Befund zu Markus 12,1–12.

Matthäus 22,1–14
Das Gleichnis vom königlichen Hochzeitsmahl
E 27

Das Gleichnis vom verschmähten Gastmahl geht sicher auf Jesus zurück, aber nicht in der von Matthäus überlieferten Form eines königlichen Hochzeitsmahls. Der Version bei Lukas 14,16–24 ist größere Ursprünglichkeit zuzusprechen.

Matthäus 22,15–22
Die Steuerfrage
E 82

Siehe Befund zu Markus 12,13–17.

Matthäus 22,23–33
Die Auferstehungsfrage
E 83

Siehe Befund zu Markus 12,18–27.

Matthäus 22,34–40
Die Frage nach dem größten Gebot
E 84

Matthäus hat die Vorlage Markus 12,28–34, in der ein Schriftgelehrter Jesus nach dem ersten Gebot fragt, erheblich gekürzt und umgestaltet. Vor allem tritt anstelle eines aufrichtigen Fragestellers ein böswilliger Gesetzeslehrer auf.

Siehe dortigen Befund.

Matthäus 22,41–46
Die Davidssohnfrage
E 85

Matthäus machte aus dem Monolog Jesu in der Vorlage Markus 12,35–37 ein Gespräch mit Pharisäern.
Siehe dortigen Befund.

Matthäus 23,1–12
Über die Autorität Jesu
E 55.2 (Vers 4) E 13.1 (Vers 9) E 61.2 (Vers 11) E 61.3 (Vers 12)

Matthäus trug Stoff verschiedenen Alters und verschiedener Herkunft zusammen. Der erste Teil (Verse 1b–7) beschäftigt sich mit den Schriftgelehrten und Pharisäern. Der zweite Teil (Verse 8–12) wendet sich der Gemeinde zu.

Auf Jesus gehen folgende Worte zurück: Von den Lasten des Gesetzes (Vers 4, der bei Lukas 11,46 noch in seiner ursprünglichen Form als Weheruf formuliert ist. E 55.2), vom Vatertitel, der nur Gott zukomme (Vers 9. E 13.1), vom Dienen (Vers 11. E 61.2) und von der Demut (Vers 12. E 61.3).

Vers 11 ist eine Doublette zu Matthäus 20,27, Vers 12 ist eine Doublette zu Matthäus 18,4.

Matthäus 23,13–31
Die sieben Wehe
E 55.3

Der Großteil dieser Vorwürfe gegen die Pharisäer und Schriftgelehrten dürfte seinen Ursprung in der judenchristlichen Gemeinde von Jerusalem haben. Von Jesus können aber die zwei Vorwürfe (Verse 13 und 23) stammen, daß die Pharisäer und Schriftgelehrten den Menschen den Zugang zum Gottesreich versperrten, und daß sie über der Kräutersteuer das Wesentliche vergessen.

Matthäus 23,32–39
Gerichtsworte
E 78.2

Von den düsteren Worten dieses Textes über das Schicksal des jüdischen Volkes in den Versen 32–36 heben sich die Verse 36–37 deutlich ab, in denen Jesus bedauert, daß Jerusalem nicht auf ihn gehört hat, und das Unheil dieser Stadt kommen sieht. Nur diese beiden Verse 36–37 begreifen sich gut als Jesu Worte.

Matthäus 24,1–3
Einleitung zur eschatologischen Rede
E 87

Siehe Befunde zu Markus 13,1–2 und 13, 3–37.

Matthäus 24,4–31
Eschatologische Rede
E –

Siehe Befund zur Vorlage Markus 13,3–37.

Matthäus 24,32–44
Unbekannt sind Tag und Stunde
E 57.3

Von diesem Text eschatologischen Inhaltes darf in den Versen 32–33 mit dem Gleichnis vom Feigenbaum eine auf Jesus zurückgehende Tradition erblickt werden.

Matthäus 24,45–51
Das Gleichnis vom Hausherrn und den zwei Dienern
E –

Das Gleichnis vom treuen Diener, der das Haus seines Herrn gut verwaltet und dafür belohnt wird, und vom untreuen Diener, der die Abwesenheit seines Herrn mißbraucht und dafür grausam bestraft wird, dürfte in einer frühchristlichen Gemeinde entstanden sein.

Matthäus 25,1–13
Das Gleichnis von den törichten und klugen Brautjungfern
E 33

In der ursprünglichen Form des Gleichnisses, das Jesus zugeschrieben werden kann, bedeutete der Bräutigam Gott und nicht den Messias, es fehlten die Verspätung des Bräutigams und die abschließende Gerichtsszene. Das Gleichnis schloß mit dem Satz aus Vers 10 «Und die Jungfrauen, die bereit waren, gingen mit ihm zur Hochzeit».[103]

Matthäus 25,14–30
Das Gleichnis von den anvertrauten Talenten
E 29.1 (Verse 14–28) E 29.2 (Vers 29)

Der Text geht wie die Version bei Lukas 19,12–17 auf dieselbe Vorlage in der Logiensammlung Q zurück, hat aber die ursprüngliche Fassung besser bewahrt. Nur ist anzunehmen, daß in der Urform der Parabel (wie bei Lukas) der dritte Diener die eine Mine in einem Schweißtuch (Taschentuch) verwahrte und nicht in der Erde vergrub, und daß es sich nicht um Talente, sondern um Minen handelte (1 Talent = 60 Minen; 1 Mine = 100 Denare; 1 Denar = 1 Tageslohn). Denn vor seinem Publikum – einfachen Leuten – hätte Jesus nicht von so hohen Geldbeträgen gesprochen.

Die Urform der Parabel schloß mit dem Vers 28 («Nehmt ihm die Mine weg und gebt sie dem, der die zehn Minen hat»). Die anschließende sprichwortartige Sentenz «Wer hat, dem wird gegeben werden, und er wird in Überfluß haben. Wer aber nichts (dazugewonnen) hat, dem wird auch das genommen werden, was er hat» (Vers 29. E 29.2) ist eine Doublette zu Matthäus 13.12. Der Schlußvers 30 von der äußersten Finsternis, vom Heulen und Zähneknirschen kam später hinzu.

Matthäus 25,31–45
Alles, was ihr einem meiner geringsten Brüder getan habt, das habt ihr mir getan
E –

Dieser Text gibt eine Schilderung Jesu vom Weltgericht wieder: Der Weltenrichter, einmal als Menschensohn und einmal als König bezeichnet, werde sich mit allen Hungrigen, Durstigen, Fremden, Nackten, Kranken und Verfolgten identifizieren und den Ungerechten vorwerfen, sie hätten das Gute, das sie diesen geringsten seiner Brüder nicht getan hätten, ihm nicht getan, und zu den Gerechten sagen, das Gute, das sie diesen seinen Brüdern getan hätten, das hätten sie ihm getan. Wie ist dieser Text zu deuten?

Entweder ist der Weltenrichter Gott oder Jesus. Im ersten Fall würde es sich um ein Gleichnis handeln, in dem Jesus Gott als Bruder der Menschen bezeichnet. Eine solche Vorstellung von Gott haben aber weder Jesus noch die synoptischen Evangelien entwickelt.

Im zweiten Fall setzt die Schilderung den bereits erhöhten Jesus des Ostererlebnisses voraus und kann also ebensowenig auf Jesus zurückgehen.

In jedem Fall aber wird im Text eine Erinnerung an den historischen Jesus sichtbar, der sich mit den geringsten Menschen identifizierte.

Matthäus 26,1–27,61
Passion und Bestattung
E 89 bis E 99 und E 14.3 (Vers 26,52)

Die Passionsgeschichte des Matthäus schließt sich der Vorlage des Markus (14,1 – 15,47) an. Sie enthält an Zusätzlichem die Frage des Judas beim Abendmahl, ob er der Verräter sei, mit der präzisen Antwort Jesu (26,25) und den Tod des Judas (27,3–10). Diese Ergänzungen sind fragwürdig und für die Rückfrage nach dem historischen Jesus irrelevant. Siehe die Befunde zu Markus 14,1 – 15,47 und zu den einzelnen Markus-Texten.

Matthäus 27,62–66
Die Sicherung des Grabes
E –

Matthäus befindet sich mit dieser ihm vorgegebenen volkstümlichen Überlieferung, wonach Pilatus auf Intervention von Hohenpriestern das Grab Jesu habe bewachen lassen, um einen Diebstahl des Leichnams Jesu durch die Schüler Jesu zu verhindern, in polemischer Auseinandersetzung mit der pharisäisch bestimmten Synagoge seiner Zeit.

Matthäus 28,1–10
Auferstehung und leeres Grab
E –

Siehe: Das Ostererlebnis, oben S. 47ff.

Matthäus 28,11–15
Das Zeichen für Israel
E –

Der Text erzählt, daß Soldaten vor dem Grab Wache gestanden (vgl. Mt 27,62–66) und von den Ereignissen am leeren Grab berichtet hätten, von den Hohenpriestern daraufhin bestochen worden seien und erzählen sollten, in der Nacht, während sie geschlafen hätten, seien die Schüler Jesu gekommen und hätten den Leichnam Jesu gestohlen. Es handelt sich um eine Überlieferung, die der Geschichtlichkeit entbehrt.

Matthäus 28,16–20
E 100.1

Der Abschluß des Matthäus-Evangeliums ist wie die Ostererzählungen bei Lukas und Johannes eine narrative Darstellung der Ostererfahrung der Schüler Jesu und nicht ein Bericht über eine historische Begebenheit.

Der Taufauftrag spiegelt die in der Gemeinde des Matthäus geübte Taufform wieder.

Da aber die Schilderung der Verfassung der Schüler Jesu (Zweifel und Huldigung) wohl zutreffend ist und der Schwerpunkt nicht in der geschilderten Begegnung Jesu mit seinen Schülern auf einem Berg, sondern in den Worten Jesu liegt, und deren Inhalt der eigentlichen Ostererfahrung der Schüler Jesu am nächsten kommen dürfte, ist dieser österliche Text vom erhöhten Christus von eminenter Bedeutung (siehe oben: Das Ostererlebnis, S. 47ff.).

Lukas – Evangelium

Lukas 1,1–2,52
Prolog. Kindheitsevangelium
E –

In diesen Erzählungen, deren ästhetische Schönheit nicht ohne Grund Bewunderung findet, vereinigte Lukas zwei Legendenkreise: die Legende über die Geburt des Johannes des Täufers und die Legenden, die sich mit Geburt und Kindheit Jesu befassen. Er koordinierte diese beiden voneinander unabhängigen Überlieferungen durch die Szene des Besuches Marias, der Mutter Jesu, bei Elisabet, der Mutter des Johannes. Das Material der Täuferlegende lag Lukas wahrscheinlich aus der Täuferbewegung vor. Die Legendenüberlieferungen über Jesus stammen wahrscheinlich aus dem judenchristlichen Kreis von Jakobus, eines Bruders Jesu, von dem sie über die Hellenisten zu Lukas gelangten. Als der eigentliche, als der Endverfasser dieser Kapitel muß aber Lukas gelten. Nur die Lieder des Kindheitsevangeliums stammen nicht von Lukas: Das ‹Benedictus› des Zacharias (1,68–79) möglicherweise aus der Täuferbewegung, das ‹Magnificat› Marias (1,46–55) aus der pharisäischen Spiritualität, und das ‹Nunc dimittis› des Simeon (2,29–32) aus dem Gebetsschatz der Urkirche.

Diese Kapitel sind eine narrative Darstellung des Anfangs der Offenbarung Gottes durch Jesus, enthalten aber keine historischen Angaben.
Siehe: Legenden und Wundergeschichten, oben S. 44ff., und Befund zu Matthäus 1,1 – 2,23.

Lukas 3,1–22
Das Wirken des Täufers und die Taufe Jesu
E 1.1 (Verse 1–2) E 1.2 (Verse 3–22)

Einleitend (Verse 1–2. E 1.1) situiert Lukas zeitlich das Auftreten des Johannes und damit die Taufe Jesu durch Angabe des Regierungsjahres des römischen Kaisers Tiberius, durch Aufzählung der Herrscher im palästinischen Raum und Nennung des Hohenpriesters in Jerusalem. Ab wann

Lukas die Regierungszeit von Kaiser Tiberius datiert, wissen wir nicht genau, vermutlich vom Tod des Augustus (14 n. Chr.) an, womit Johannes im Jahr 28/29 n. Chr. aufgetreten wäre, und bald darauf Jesus. Im folgenden werden das Wirken und eingehend die Predigt des Johannes beschrieben. Aus dessen Predigt könnten einzelne Logien dem historischen Johannes zugesprochen werden; er hat aber wahrscheinlich vom Feuer des Gerichtes und nicht vom Feuer des Geistes gesprochen, und mit dem ‹Stärkeren›, der kommen werde, eher Gott als den Messias gemeint. Hier handelt es sich offensichtlich um frühchristliche Uminterpretationen. Abschließend werden in knappen Worten die Verhaftung des Johannes und die Taufe Jesu berichtet, ohne etwas zum Bericht des Markus hinzuzufügen. Siehe Befund zu Markus 1,1–13.

Lukas 3,23–38
Der Stammbaum Jesu
E – 1.2 (Vers 23)

Die Altersangabe Jesu mit ungefähr dreißig Jahren bei Beginn seines öffentlichen Auftretens ist nicht sicher. Sie dürfte sich darauf stützen, daß das dreißigste Lebensjahr der gesetzliche Termin für die Einführung in das priesterliche Amt war und daß hervorragende Männer der jüdischen Geschichte mit dreißig Jahren ihr öffentliches Auftreten begannen.

Der Stammbaum Jesu wurde vermutlich in juden-christlichem Milieu zum Ausweis Jesu als Davidssohn konstruiert. Damals wußte man noch nichts von einer Jungfrauengeburt, Josef galt ohne Einschränkung als Jesu Vater. Möglicherweise liegt dem Stammbaum auch eine apokalyptische Tendenz zugrunde: Nach apokalyptischen Vorstellungen würde die Weltgeschichte aus 12 Zeitaltern von je 3×7 Generationen bestehen, und mit Jesus würde das 12. Zeitalter, das heißt die eschatologische Zeit beginnen.

Lukas 4,1–13
Die Versuchungen Jesu
E –

Die historische Wurzel der Geschichte von den Versuchungen Jesu in der Wüste durch den Teufel könnte in der Diskussion Jesu mit Pharisäern über göttliche Zeichen zu seiner Legitimierung liegen.
Siehe auch Befund zu Markus 4,1–11.

Lukas 4,14–30
Die Antrittpredigt in Nazaret
E 2 (Vers 14) E 40 (Verse 16–30)

Lukas redigierte diesen Text über die Antrittspredigt Jesu in Nazaret wahrscheinlich aufgrund einer nachträglich erweiterten Form der ursprünglichen Vorlage zu Markus 6,1–6.
Siehe dortigen Befund.

Lukas 4,31–44
Das erste Wirken in Galiläa
E 37

Siehe Befund zu Markus 1,21–39.

Lukas 5,1–11
Der Fischfang des Petrus
E 3

Im Text benützte Lukas Elemente aus dem Bericht des Markus über die Berufung der ersten Schüler Jesu (1,16–20) und aus der Osterlegende vom wunderbaren Fischfang (Johannes 21,1–11). Historisch von Interesse ist nur der erwähnte Markus-Bericht.
Siehe Befund zu Markus 1,16–20.

Lukas 5,12–16
Die Heilung eines Aussätzigen
E –

Die Erzählung von der Heilung eines Aussätzigen ist eine Überarbeitung der Vorlage Markus 1,40–45.
Siehe dortigen Befund.

Lukas 5,17–26
Die Heilung eines Gelähmten
E 42

Die Erzählung von der Heilung eines Gelähmten folgt der Vorlage Markus 2,1–12.
Siehe dortigen Befund.

Lukas 5,27–32
Die Berufung und das Gastmahl des Levi
E 43

Die Erzählung vom Mahl mit den Zöllnern, für die Lukas die Vorlage bei Markus 2,13–17 fand, leitete er mit der idealen Bekehrungs- und Berufungserzählung über den Zöllner Levi ein.
Siehe Befund zu Markus 2,13–17.

Lukas 5,33–39
Die Frage des Fastens
E 44 (Verse 33–35) E 15 (Verse 36–38) E 12.3 (Vers 39)

Der Abschnitt besteht aus drei voneinander unabhängigen Teilen:
Im ersten Teil (Verse 33–35. E 44) geht es um das Fasten. Siehe hierzu den Befund zu Markus 2,18–20.
Im zweiten Teil (Verse 36–38. E 15) stehen die Gleichnisse vom alten Mantel und dem neuen Stoffstück sowie vom neuen Wein und den alten Ziegenbälgen.
Der dritte Teil (Vers 39. E 12.3) ist das Logion vom bekömmlichen alten Wein, das in einen anderen Kontext gehört.

Lukas 6,1–5
Das Ährenraufen am Sabbat
E 45

Siehe Befund zur Vorlage Markus 2,23–28.

Lukas 6,6–11
Jesus heilt am Sabbat
E 46

Der Text folgt der Vorlage Markus 3,1–6.

Lukas 6,12–16
Die Auswahl der Zwölf
E 38

Siehe Befund zur Vorlage Markus 3,13–19.

Lukas 6,17–19
Die Heilungen vor der Feldrede
E –

Der Abschnitt ist wie die Vorlage Markus 3,7–12 ohne historische Information.

Lukas 6,20–49
Die Feldrede
E 68.1 (Vers 40)

Siehe Befund zu Matthäus 5,1–7,27.

Lukas 6,20–26
Seligpreisungen und Weherufe
E 4

Auf Jesus selbst gehen vermutlich die als Einheit überlieferten drei ersten Seligpreisungen (der Armen, der Hungernden und der Weinenden) zurück, wohl aber auch die in einem anderen Stil gehaltene und längere vierte Seligpreisung (der verfolgten Anhänger Jesu), die jedoch zunächst gesondert überliefert wurde. Diese vier Seligpreisungen standen in der Logiensammlung Q bereits nebeneinander. Die Seligpreisungen der Sanftmütigen, der Reinen und Friedensstifter wurden erst später gebildet und nur von Matthäus, aber nicht von Lukas übernommen. Die Weherufe über die Reichen, Satten und jene, die jetzt lachen und umschmeichelt werden (Verse 24–26), hat erst Lukas oder ein Zwischentradent hinzugefügt.

Lukas 6,27–38
Feindesliebe
E 5.4 (Verse 27–37) E 9.3 (Vers 38)

Zu den Versen 27–37 (E 5.4) siehe die Befunde zu Matthäus 5,38–42 und 5,43–48.

Lukas 6,39–49
Die Gleichnisse
E 68.1 (Vers 40) E 9.1 (Verse 41–42) E 11 (Verse 46–49)

Ob die Worte über den Blinden, der einen Blinden führt und wohl mit
ihm in eine Grube fallen wird, (vgl. Matthäus 15,14) und über die guten
und schlechten Bäume, die an ihren Früchten erkannt werden (vgl. Matthäus 7,16–20 und 12,33), auf Jesus zurückgehen, ist fraglich.

Lukas 7,1–10
Der Hauptmann von Kafarnaum
E 41

Lukas fügte der von Matthäus wiedergegebenen Überlieferung über die
Heilung des Hausklaven eines römischen Hauptmanns in Kafarnaum se-
kundäre Elemente hinzu.
Siehe Befund zu Matthäus 8,5–13.

Lukas 7,11–17
Die Auferweckung des jungen Mannes von Nain
E –

Die Geschichte von der Auferweckung eines eben verstorbenen jungen
Mannes ist die Nacherzählung einer Totenerweckung durch den Propheten Elija und erinnert an die Erzählung des griechischen Philostratos von
einem Wundertäter, der eine tot geglaubte Braut am Hochzeitstag wieder-
erweckte. Die Geschichte, die nur von Lukas überliefert ist, sollte zeigen,
daß Jesus größer ist als die Propheten und die griechischen Heroen.[104]
Siehe hierzu auch: Legenden und Wundergeschichten, oben S. 44ff.

Lukas 7,18–35
Das Zeugnis Jesu über den Täufer
E 48.1 (Verse 24–34)

Lukas scheint die Vorlage aus der Logiensammlung Q über Johannes den
Täufer erweitert zu haben.
Siehe die drei Befunde zu Matthäus 11,2–19.

Lukas 7,36–50
Jesus und die Sünderin
E 89

Wahrscheinlich gehen die vorliegende Erzählung über die Salbung Jesu mit einem kostbaren Duftöl durch eine Prostituierte und die Erzählungen bei Markus 14,3–9 und bei Matthäus 26,6–13 auf ein und dieselbe Erinnerung zurück. Alle drei Darstellungen enthalten das gleiche narrative Schema, wörtliche Übereinstimmungen und die Kritik der Zuschauer an der Verschwendung mit dem teuren Salböl.

Die an die Salbung sich anschließende Diskussion zwischen Jesus und dem Gastgeber über den Zusammenhang zwischen Schuldbewußtsein, Sündenvergebung und Gottesliebe ist das Ergebnis der theologischen Deutung, die sich aus der Erinnerung an die historische Begebenheit der Salbung im Laufe der mündlichen Überlieferung entwickelte.

Lukas 8,1–3
Die Nachfolge der Frauen
E 39.2

Für das damalige Empfinden war die Freiheit Jesu, Frauen als Schülerinnen aufzunehmen, unerhört, ebenso die Freiheit dieser Frauen, ihr Heim zu verlassen, um in die Gemeinschaft Jesu einzutreten.

Daß es sich um zahlreiche Frauen gehandelt habe, daß einige von ihnen von Jesus von Krankheiten geheilt worden seien und daß andere Jesus mit ihrem Vermögen gedient hätten, dürften Zusätze des Verfassers sein.

Lukas 8,4–8
Das Gleichnis vom Sämann
E 17

Der Einleitungsvers ist von Lukas. Das Gleichnis vom Sämann selbst folgt der Vorlage Markus 4,3–9.

Lukas 8,9–10
Sinn der Gleichnisse
E –

Siehe Befund zur Vorlage Markus 4,10–12.

Lukas 8,11–15
Deutung des Gleichnisses vom Sämann
E –

Siehe Befund zur Vorlage Markus 4,13–20.

Lukas 8,16–18
Spruchfolge von der Lampe
E 16 (Verse 16–18a) E 29.2 (Vers 18b)

Zu den Versen 16–18a (E 16) siehe Befund zu Markus 4,21–23.

Lukas 8,19–21
Die ‹Familie› Jesu
E –

Siehe Befund zur Vorlage Markus 3,31–35.

Lukas 8,22–25
Stillung des Seesturms
E –

Siehe Befund zur Vorlage Markus 4,35–41.

Lukas 8,26–39
Die Dämonenaustreibung in Gerasa
E –

Siehe Befund zur Vorlage Markus 5,1–20.

Lukas 8,40–56
Heilung einer Frau und Auferweckung der Tochter des Jairus
E 51

Siehe Befund zur Vorlage Markus 5,21–43.

Lukas 9,1–6
Aussendung der Zwölf
E 54.1

Siehe Befund zur Vorlage Markus 6,7–13.

Lukas 9,7–9
Verschiedene Stellungnahmen zu Jesus
E 48.2

Lukas fügte der Vorlage von Markus hinzu, daß Herodes über das Ge-
rücht, Jesus sei der wiederauferweckte, von ihm enthauptete Johannes der
Täufer, beunruhigt war und wissen wollte, was es mit Jesus auf sich habe.
Siehe Befund zur Vorlage Markus 6,14–16.

Lukas 9,10–11
Rückkehr der Zwölf
E –

Siehe Befund zur Vorlage Markus 6,30–31.

Lukas 9,12–17
Die wunderbare Speisung der Fünftausend
E –

Siehe Befund zur Vorlage Markus 6,32–44.

Lukas 9,18–22
Das Messiasbekenntnis des Petrus
E 58

Lukas schloß an das Messiasbekenntnis des Petrus eine erste Leidensan-
kündigung an und ließ dafür die Auseinandersetzung zwischen Jesus und
Petrus weg.
Siehe Befund zur Vorlage Markus 8,27–33.

Lukas 9,23–26
Die Spruchfolge von der Kreuzesnachfolge
E 60.1

Lukas fügte in die Vorlage von Markus über die Kreuzesnachfolge Jesu ein,
sie müsse **täglich** erfolgen.
Siehe Befund zur Vorlage Markus 8,34–38.

Lukas 9,27
Jesu Naherwartung des Gottesreiches
E 57.2

Siehe Befund zur Vorlage Markus 9,1.

Lukas 9,28–36
Die Verklärung
E –

Siehe Befund zur Vorlage Markus 9,2–10.

Lukas 9,37–43a
Heilung eines epileptischen Jungen
E 52

Lukas verfügte von der Heilung eines epileptischen Jungen vielleicht über
eine andere Überlieferung als Markus (9,14–29), weil sein Text die in der
Fassung des Markus enthaltenen sekundären Ergänzungen nicht enthält.
Im übrigen siehe Befund zu Markus 9,14–24.

Lukas 9,43b–45
Die zweite Leidensankündigung
E 59.1

Siehe Befund zur Vorlage Markus 9,30–32.

Lukas 9,46–48
Der Erste als Diener aller. Die Aufnahme der Kinder im Namen Jesu
E 61

Lukas verkürzte die Vorlage Markus 9,33–37, so daß es zu einer Überlap-
pung der bei Markus noch relativ klar getrennten Themen ‹Diener aller›
und ‹Aufnahme der Kinder› kam.
Siehe Befund zur Vorlage Markus 9,36–37.

Lukas 9,49–50
Wer nicht gegen euch ist, der ist für euch
E 64

Lukas wandelte im Satz des Markus «Wer nicht gegen uns ist, der ist für uns» das «uns» in «euch» um. Im übrigen war dieser Satz auch bei Markus bereits sekundär.

Siehe Befund zur Vorlage Markus 9,38–40.

Lukas 9,51–56
Abweisung durch die Samariter
E 69.1 (Vers 51)

Die Abweisung Jesu durch Bewohner von Samaria, als er auf seiner Wanderung durch dieses Land Unterkunft gesucht habe, ist keine geschichtliche Episode, sondern hat symbolischen Charakter. Sie illustriert die Ablehnung Jesu, wie er sie auch in Nazaret erfahren hat, und unterstreicht die Entschlossenheit, mit der Jesus trotz Ablehnung und drohender Gefahr nach Jerusalem zog.

Lukas 9,57–62
Verschiedene Nachfolger
E 66 (Verse 57–58) E 60.5 (Verse 59–60) E 60.4 (Vers 62)

Lukas fügte der Vorlage Matthäus 8,18–22 die Erzählung von einem weiteren Mann hinzu, der Jesu Schüler werden wollte, aber Jesus bat, sich vorher noch von seinen Hausgenossen verabschieden zu dürfen (Verse 61–62). Diese Bitte ist eine redaktionelle Einleitung des Lukas zur Antwort Jesu «Wer seine Hand an den Pflug legt und zurückschaut, taugt nicht für das Gottesreich» (Vers 62. E 60.4).

Siehe Befund zur Vorlage Matthäus 8,18.22.

Lukas 10,1–16
Aussendung der Siebzig
E 54

Der Text besteht aus mehreren Teilstücken. Im Gegensatz zu Markus und Matthäus erzählt Lukas, Jesus habe nicht nur die Zwölf, sondern auch 70 Schüler ausgesandt. Die Zahl 70 hat wohl symbolische Bedeutung und soll die Verkündigung des Evangeliums an alle Völker ausdrücken. Denn 70 ist nach Mose die Zahl der Völker, und nach den Rabbinen ist Israel das

Schaf unter 70 Wölfen. Lukas war ja nicht Judenchrist, sondern hellenistischer Christ und dachte an die Missionierung aller Völker. Als historisches Geschehen kann aber wohl nur die von Markus (6,7–13) und Matthäus (10,5–15) beschriebene Aussendung der Zwölf gesehen werden. Siehe Befund zu Markus 6,7–13.

Zum Wort über die große Ernte des Gottesreiches und die wenigen Arbeiter (Vers 2) siehe Befund zu Matthäus 9,35–38.

Der Weheruf über die unbußfertigen Städte (Verse 13–15) ist ein Teil des identischen Weherufs bei Matthäus 11,21–24. Die Ansichten über dessen Historizität sind geteilt.

Der Schlußvers (16) «Wer auf euch hört, der hört auf mich; und wer euch ablehnt, der lehnt mich ab. Wer aber mich ablehnt, der lehnt den ab, der mich gesandt hat» findet sich abgewandelt bei Markus 9,37, wo er jedoch auf die Aufnahme der Kinder angewandt ist, und bei Matthäus 10,40, wo statt von ‹Hören auf die Schüler Jesu› von ‹Aufnahme der Schüler Jesu› die Rede ist. Wahrscheinlich ist die vorliegende Lukas-Version älter als die Matthäus-Version.[105]

Lukas 10,17–20
Der Sturz des Satans
E –

Die Herkunft dieser Sätze ist schwer zu erforschen. Die darin enthaltenen Bilder und Vorstellungen (der Satan, den Jesus wie einen Blitz vom Himmel stürzen sah; die Vollmacht der Anhänger Jesu, über Schlangen und Skorpione schreiten zu können; Jesu Aufforderung an seine Schüler, sich nicht *darüber* zu freuen, sondern darüber, daß ihre Namen im Himmel eingeschrieben seien) erinnern an alttestamentliche Schriftstellen, aber ihr vermutlicher Sinn ist der: Jesus sah, das heißt erlebte, unmittelbar die Realität, daß die Zeit des Gottesreiches angebrochen ist, und daß diese positive Realität wichtiger ist als die bloße Überwindung des Bösen. (Der Text könnte vielleicht folgendermaßen übersetzt werden: «Ich sah die Macht des Bösen zusammenbrechen. Ich habe euch die Befreiung von allen Bedrohungen gebracht. Nichts mehr kann euch etwas anhaben. Die Angst vor dem Tod ist zertreten. Aber freut euch vielmehr darüber, daß ihr in das Reich Gottes eingetreten seid.» (Der Autor)

Lukas 10,21-22
Der ‹Jubelruf›
E –

Der Text ist identisch mit Matthäus 11,25–27.
Siehe dortigen Befund.

Lukas 10,23-24
Gegenwart des Heils
E 12.1

Lukas 10,25-37
Wer ist der Nächste?
E 84 (Verse 25–28) E 76 (Verse 29–37)

Die Erzählung vom Gesetzeslehrer, der Jesus die Frage nach dem größten
Gebot im Gesetz stellt (Verse 25–28. E 84), steht auch bei Markus 12,28–34
und bei Matthäus 22,34–40. Lukas hat sie jedoch umredigiert und ließ den
Gesetzeslehrer seine Frage selbst beantworten und dann die Frage stellen
«Wer ist mein Nächster?», womit er die Parabel vom barmherzigen Samariter (Verse 29–37. E 76) einleitet. Diese unterscheidet sich zwar in ihrer
Form von den Gleichnissen bei Markus 4,1–32, weswegen ihr aber nicht
die Jesus-Echtheit abgesprochen werden darf. Daß nach dem Priester auch
ein Levit vorbeikam, wurde wohl dem ursprünglichen Text hinzugefügt –
mit ebendenselben Worten, mit denen Jesus das Verhalten des Priesters geschildert hat –, weil man den Wirt nicht mehr als einen von den dreien er-
kannte, die Jesus in seiner Frage nach dem Nächsten in Betracht zog.[106]

Lukas 10,38-42
Marta und Maria
E 73

In der Erzählung vom Besuch Jesu im Haus der zwei Schwestern Marta
und Maria haben offenbar Probleme frühchristlichen Gemeindelebens
(das Verhältnis zwischen Wort- und Liebesdienst) ihren Niederschlag gefunden. Aber es ist gut möglich, daß der Kern der Erzählung auf historischen Erinnerungen beruht.

Lukas 11,1–11
Das ‹Vaterunser›
E 49

Der vorliegende Text des ‹Vaterunser› ist ursprünglicher als der bei Matthäus 6,9–13.
Siehe dortigen Befund.

Lukas 11,5–8
Das Gleichnis vom Freund
E 34

Lukas 11,9–13
Die große Zuversicht
E 6.2

Die Matthäus-Version 7,7–11 ist ursprünglicher.
Siehe dortigen Befund.

Lukas, 11,14–23
Verteidigung gegen den Vorwurf des Satansbündnisses
E 47.2

Siehe Befund zur Parallelstelle in Matthäus 12,22–37.

Lukas 11,24–26
Die Rückkehr des unreinen Geistes
E –

Siehe Befund zur Parallelstelle in Matthäus 12,38–45.

Lukas 11,27–28
Wer ist glücklich?
E 72

Lukas 11,29–32
Das Jona-Zeichen
E –

Siehe Befund zur Parallelstelle in Matthäus 12,38–45.

Lukas 11,33
Das Gleichnis von der Lampe
E 16

Lukas 11,37–12,1
Auseinandersetzungen mit Pharisäern und Schriftgelehrten
E 55.2 (Vers 11,46) E 55.3 (Vers 11,52) E 14.4 (Vers 12,1)

Auf Jesus gehen die Worte von den Lasten des Gesetzes (Vers 11,46. E 55.2) und vom Schlüssel zum Gottesreich (Vers 11,52. E 55.3) zurück. Teile des Abschnittes finden sich auch bei Matthäus 23,4–36. Siehe Befund zu Matthäus 23,1–39.

Im Vers 12.1 (E 14.4) spricht Lukas im Gegensatz zu Markus (8,14–21) nur von einer Warnung vor dem Sauerteig der Pharisäer (nicht auch des Herodes). Siehe dortigen Befund.

Lukas 12,2–12
Habt keine Angst!
E 68.3 (Verse 2–9) E 68.2 (Verse 11–12)

Zu den Versen 2–9 (E 68.3) mit dem Thema ‹Habt keine Angst!› siehe Befund zur Parallelstelle in Matthäus 10,26–33.

Zum Vers 10 über die unvergebbare Sünde siehe Befund zur Parallelstelle in Matthäus 12,22–37.

Zu den Versen 11–12 (E 68.2), in denen Jesus seinen Schülern voraussagt, sie würden vor Gericht gestellt, sollten sich aber nicht sorgen, wie sie sich zu verteidigen hätten, siehe Befund zu den Parallelstellen in Markus 3,30–37 und Matthäus 10,16–25.

Lukas 12,13–21
Das Schätzesammeln
E –

Die Ansichten, ob die Erzählung von dem Mann, der Jesus um Vermittlung im Erbstreit mit seinem Bruder bat, und die anschließende Parabel vom Mann, der für sich Schätze gesammelt hat, auf Jesus zurückgehen, sind geteilt. Vermutlich spiegelt die Parabel auch das in frühchristlichen Gemeinden diskutierte Thema ‹Besitz, Vermögen, Reichtum› wider.

Lukas 12,22–32
Habt Vertrauen!
E 6.1

Der Matthäus-Text (6,25–34) ist weithin unversehrter als der vorliegende Lukas-Text. Siehe dortigen Befund.

Der Vers 32 («Fürchte dich nicht, du kleine Herde, denn es hat eurem Vater gefallen, euch das Reich zu geben») ist ein Wort der Ermutigung, das Lukas an die kleine und bedrohte Christengemeinde richtet.

Lukas 12,22–34
Ein Schatz bei Gott
E 10.1

Der Text handelt vom Sammeln vergänglicher und unvergänglicher Schätze. Die vorliegende Version dürfte ursprünglicher sein als die bei Matthäus 6,20–21. Der Satz «Wo euer Schatz ist, da ist auch euer Herz» ist wahrscheinlich später hinzugekommen.[107]

Lukas 12,35–48
Wachsamkeit
E –

Der Abschnitt ist aus verschiedenen Bruchstücken von in frühchristlichen Gemeinden entstandenen Überlieferungen mit dem eschatologischen Thema ‹Wachsamkeit und Bereitschaft› zusammengesetzt. Der erste Teil erinnert an die Parabel von den klugen und törichten Brautjungfern. Der Rest behandelt dasselbe eschatologische Thema des wachsamen Wartens wie Markus 13,33–37 und Matthäus 24,43–51.
Siehe Befunde zu Markus 13,3–37 und Matthäus 24,32–44.

Lukas 12,49
Jesus bringt Feuer
E 12.5

Lukas 12,50
Jesus sieht Schreckliches vor sich
E 59.2

Lukas 12,51-53
Jesus bringt das Schwert
E 12.2

Siehe Befund zur Parallelstelle in Matthäus 10,34-39.

Lukas 12,54-56
Zeichen der Zeit
E 57.4

Der Text dürfte älter sein als die Parallelstelle Matthäus 16,2-3.[108]

Lukas 12,57
Eigenes Urteil
E 57.4

Lukas 12,58-59
Versöhnung
E –

Siehe Befund zur Parallelstelle Matthäus 5,21-26.

Lukas 13,1-9
Aufruf zur Umkehr. Das Gleichnis vom unfruchtbaren Feigenbaum
E 70

Der historische Kern dieses Abschnittes ist der Aufruf Jesu zur Umkehr in letzter Stunde. Dieser Aufruf ist mit der Nachricht von Katastrophenfällen (Niedermetzelung von Zeloten und Tod von achtzehn Menschen durch Einsturz einer Mauer) verknüpft, deren historische Hintergründe nicht eindeutig zu erhellen sind.

Das anschließende Gleichnis vom unfruchtbaren Feigenbaum, den sein Besitzer umhauen will, ist in seiner überlieferten Form nicht von Jesus.

Lukas 13,10–17
Jesus heilt am Sabbat
E 71

Im Anschluß an den vorausgehenden Abschnitt wollte Lukas mit der von ihm nachträglich hinzugefügten Beschreibung der Reaktionen der Umstehenden auf die Heilung durch Jesus an einem Sabbat (Freude der Anhänger Jesu und Beschämung der Gegner) zeigen, daß die Chance zur Umkehr noch besteht.

Lukas 13,18–19
Das Gleichnis vom Senfkorn
E 19

Lukas 13,20–21
Das Gleichnis vom Sauerteig
E 22

Siehe Befund zur Parallelstelle Matthäus 13,33–35.

Lukas 13,23–24
Die Tür in das Gottesreich
E 65.2

Es ist anzunehmen, daß der Text ursprünglicher ist als die Version Matthäus 7,13–14.
Siehe dortigen Befund.

Lukas 13,25–27
Die verschlossene Tür und der Endzeitrichter
E –

Dieses erst später entstandene Gleichnis vom Hausherrn, der die Tür verschlossen hat und die späten Ankömmlinge nicht mehr kennt, ist an den vorausgehenden Abschnitt wegen des gemeinsamen Wortes ‹Tür› angeknüpft. Es erinnert an die Gerichtsszene, die nachträglich in das Gleichnis von den Brautjungfern eingefügt wurde.

Zur ebenfalls später entstandenen Szene des Endzeitgerichtes siehe Befund zu Matthäus 7,15–23.

Lukas 13,28–30
Der Zustrom aller Völker. Die Verstoßung Israels
E 55.4

Zu diesem Logion, das von Matthäus an die Erzählung von der Heilung des Haussklaven eines römischen Hauptmanns angeschlossen wurde, siehe Befund zu Matthäus 8,5–13.

Zum Wort von der Vertauschung von Ersten und Letzten siehe Befund zu Matthäus 20,1–16.

Lukas 13,31–33
Abschied von Galiläa
E 67

Lukas 13,34–35
Im Anblick Jerusalems
E 78.2

Siehe Befund zu Matthäus 23,32–39.

Lukas 14,1–6
Heilung am Sabbat
E –

Die Frage nach dem Ereignis dieser Heilung an einem Sabbat kann nicht mit Sicherheit beantwortet werden. Die Erzählung wiederholt verschiedene Elemente aus anderen Textstellen.

Lukas 14,7–11
Wer sich erhöht, wird erniedrigt werden
E –

Im Text rät Jesus dem zu einem Hochzeitsmahl Geladenen, sich nicht auf den ersten Platz zu setzen, um dann nicht einem vornehmeren Gast Platz machen zu müssen, sondern den letzten Platz einzunehmen, um dann vom Gastgeber aufgefordert zu werden, höher zu rücken. Die Ansichten über den Text gehen auseinander.

In der alttestamentlichen und rabbinischen Literatur gibt es Beispiele, die Maximen für den Alltag aufstellen. Hat Jesus Alltagsregeln gegeben? Ganz sicher hat er nicht den Rat für ein so komödienhaftes Bescheidenheitsverhalten gegeben. Vermutlich hat er dabei auch nicht an irgendein

Hochzeitsmahl gedacht, sondern an das große himmlische Hochzeitsfest, von dem er auch bei anderen Gelegenheiten sprach. (Vielleicht hat das ursprüngliche Logion folgendes gemeint: «Wenn du ganz unverdient zu einem großen Hochzeitsmahl geladen wirst, wirst du dir nicht anmaßen, der Tischordnung des Gastgebers vorzugreifen. Du wirst einfach überglücklich sein, diese unverdiente Einladung erhalten zu haben und überhaupt an der Festtafel Platz nehmen zu dürfen.» Der Autor)

Lukas 14,12–14
Lade Gäste ein, die die Einladung nicht erwidern können!
E 13.3

Der Schlußsatz über den Lohn durch die Auferstehung der Gerechten ist nachösterlich.

Lukas 14,15–24
Das verschmähte Gastmahl
E 27

Diese Version der Parabel von der verschmähten Einladung zu einem Gastmahl ist ursprünglicher als die bei Matthäus 22,1–14.

Der letzte Satz (Vers 24), in dem sich Jesus selbst als Gastgeber bezeichnet, ist spätere Gemeindebildung.

Lukas 14,25–26
Die absolute Priorität der Nachfolge Jesu
E 60.3

Die Version ist ursprünglicher als die bei Matthäus 10,37.

Lukas 14,27
Die Kreuzesnachfolge
E 60.1

Siehe Befund zu Markus 8,34–38.

Lukas 14,28–33
Keine Halbheit in der Nachfolge Jesu
E 60.2

Im überlieferten Text stellt Jesus zwei Vergleich an (Verse 28–32) und zieht daraus die Anwendung (Vers 33): Ein Mann, der einen Turm bauen will, rechnet vorher durch, ob sein Geld für die Baukosten ausreicht, um nicht verspottet zu werden, wenn er im Bau steckenbleiben sollte. Und ein König überlegt, ob er mit seinem 10 000-Mann-Heer gegen die 20 000 Mann des Feindes in die Schlacht ziehen kann, oder ob er nicht besser in Verhandlungen eintreten und um Frieden bitten soll. Die anschließende ‹Anwendung› («Wer sich nicht von allem löst, was er hat, kann nicht mein Schüler sein») hat mit den zwei Vergleichen allerdings nichts zu tun. Entweder sind die zwei Vergleiche ein fremder Einschub, oder die ursprüngliche Fassung ist bis zur Unkenntlichkeit verändert worden. Im letzteren Fall wäre folgende ursprüngliche Darstellung denkbar (der Autor): «Wenn ein Mann ein Haus bauen will, aber nur die halben Kosten ansetzt, wird er es nicht schaffen. Und ein König, der nur mit halb so viel Soldaten wie der Feind ins Feld zieht, wird die Schlacht verlieren. So kann auch keiner, der mir nur mit halbem Herzen folgen will und sich nicht von allem löst, was er hat, mein Schüler sein!»

Lukas 14,34–35
Das Salz
E 12.4

Lukas 15,1–7
Das Gleichnis vom verirrten Schaf
E 24

Siehe Befund zu Matthäus 18,12–14.

Lukas 15,8–10
Das Gleichnis von der verlorenen Drachme
E 23

Lukas 15,11–32
Die Parabel vom verlorenen Sohn
E 25

Lukas 16,1–9
Die Parabel vom schlauen Verwalter
E 36

Das an die Parabel vom schlauen Verwalter angeschlossene Lob für die Klugheit des Verwalters und die Anwendung – eine Anweisung für die Christengemeinde – sind spätere Bildungen.

Lukas 16,10–12
Geld und Gut
E –

Es handelt sich um eine spätere Gemeindeanweisung: Ausgehend vom Sprichwort «Wer im Geringsten treu ist, ist auch im Großen treu» werden die frühchristlichen Gemeindeleiter angewiesen, die Gemeindegelder treu zu verwalten.

Lukas 16,13
Gott oder Geld
E 10.2

Lukas 16,14–15
Kritik an den Pharisäern
E –

Siehe Befund zu Matthäus 23,13–31.

Lukas 16,16
Propheten – Gottesreich
E –

Siehe Befund zu Matthäus 11,7–15.

Lukas 16,17
Gültigkeit des Gesetzes
E –

Siehe Befund zu Matthäus 5,17–20.

Lukas 16,18
Unauflöslichkeit der Ehe
E 62.1

Siehe Befund zu Markus 10,1–12.

Lukas 16,19–31
Die Parabel vom armen Lazarus und vom Reichen
E –

Die Parabel vom armen Lazarus und vom Reichen ist eine alte außerbiblische Erzählung, die schildert, wie irdisches Glück und Unglück im Jenseits einen gerechten Ausgleich finden, und warum eine warnende Botschaft aus dem Totenreich an die Lebenden zwecklos ist. Christliche Motive sind in der Parabel kaum zu entdecken.

Lukas 17,1–2
Ärgernisse
E 50.1

Siehe Befund zu Markus 9,42–50.

Lukas 17,3–4
Vergeben
E 13.4

Siehe Befund zu Matthäus 18,21–35.

Lukas 17,5–6
Vertrauensvolles Gebet
E 53

Lukas 17,7–10
Nichtsnutzige Knechte
E –

Möglicherweise handelt es sich in diesem Text um eine Ermahnung an frühchristliche Gemeindeleiter, sich bewußt zu bleiben, nur Knechte zu sein und nicht Herren.

Lukas 17,11–19
Zehn Aussätzige
E –

Über die Überlieferung der Geschichte von der Heilung zehn Aussätziger, von denen nur einer, ein Samariter, dankt, gibt es alle möglichen Spekulationen. Als einigermaßen sicherer Rest bleibt eine einfache Heilungsgeschichte ohne eigene historische Informationen.

Lukas 17,20–37
Eschatologische Rede
E 57.2 (Verse 20–21)

Zum Text der Verse 22–37 siehe Befund zu Markus 13,3–37.

Lukas 18,1–8
Die Parabel von der Witwe und vom Richter
E 35

Die Anwendung und der eschatologische Schluß (Verse 6–8) der Parabel von der beharrlichen Witwe und vom Richter sind redaktionelle Zusätze.

Lukas 18,9–14
Die Parabel vom Pharisäer und vom Zöllner
E 77

Der Schlußsatz «Jeder, der sich selbst erhöht, wird erniedrigt werden; und wer sich selbst erniedrigt, wird erhöht werden» ist redaktioneller Zusatz.

Lukas 18,15–17
Jesus und die Kinder
E 63

Lukas 18,18–30
Der Reichtum und die Nachfolge Jesu
E 65.1

Siehe Befund zu Markus 10,17–31.

Lukas 18,31–34
Dritte Leidensankündigung
E 59.1

Siehe Befund zu Markus 9,30–32.

Lukas 18,35–43
Heilung eines Blinden bei Jericho
E 75

Siehe Befund zu Markus 10,46–52.

Lukas 19,1–10
Beim reichen Zachäus
E 74

«Jesus schaute zu ihm hinauf» wird im Text damit erklärt, daß Zachäus klein war und, um Jesus sehen zu können, auf einen Maulbeerbaum geklettert ist, wo ihn dann Jesus sah. In Wirklichkeit dürfte Zachäus einfach auf dem Söller seines Hauses gestanden haben.[109] Das Bekenntnis des Zachäus, er wolle seine Verfehlungen gutmachen, ist redaktioneller Einschub. Der Schlußsatz Jesu, er sei gekommen, Verlorenes zu retten, ist kerygmatisch orientiert.

Lukas 19,11–27
Das Gleichnis von den anvertrauten Minen
E 29.1 und 29.2

Siehe Befund zu Matthäus 25,14–30.

Lukas 19,28–21,38
Die Tage in Jerusalem vor der Passion
E 78.1, E 79 bis E 87, E 89 bis E 91

Lukas folgte Markus 11,1–15,47. Nur fügte er ergänzend ein, daß Jesus, als er Jerusalem vor sich sah, weinte, und gibt die schmerzerfüllten Worte Jesu über das Schicksal der Stadt Jerusalem wieder (19,41–44. E 78.1), von denen allerdings wohl nur der Satz «Wenn doch auch du an diesem Tag erkennen möchtest, was zum Frieden dient» wirklich auf Jesus zurückgeht.

Lukas ließ die Erzählung des Markus von der Verfluchung des Feigenbaums weg und berichtet über die Frage eines Schriftgelehrten nach dem größten Gebot schon früher (10,25–28).

143

Lukas 22,1–23,56
Die Passion
E 92 bis E 99

Für die Rückfrage nach den historischen Ereignissen in den letzten Tagen
bis zum Tod Jesu kommt praktisch nur der Bericht von Markus in Frage.
Die Ermahnung Jesu an Simon Petrus, seine Brüder zu stärken (22,31–32),
spiegelt die bedrohliche Situation der Urgemeinde und die Rolle des Petrus in ihr wider.
Siehe Befund zu Markus 14,1–15,47 sowie die Befunde zu diesen einzelnen
Markus-Texten.

Lukas 24,1–53
Die Ostererzählungen

Siehe hierzu: Das Ostererlebnis, oben S. 47ff.

6. Bilanz

In den Kapiteln II und III dieses Teiles wurde die Ausgangssituation geschildert, vor die sich die Evangelienforschung mit ihrer Rückfrage nach dem historischen Jesus vor mehr als 200 Jahren gestellt sah: Die glaubwürdigen Quellen waren minim, und die scheinbar ergiebigen Quellen waren fragwürdig; eine Ausgangssituation ohne große Chancen. Im Kapitel IV wurde dann der heutige Erkenntnisstand der geschichtskritischen Evangelienforschung im einzelnen dargelegt. Wie ist das heute Erreichte im Rückblick zu bewerten?

E. Schillebeeckx, der wie kein anderer dazu berufen ist, diese Frage zu beantworten, urteilt so: «Tatsache ist..., daß wir geschichtlich heute viel weniger über Jesus von Nazaret wissen, als unsere Vorfahren zu wissen meinten; aber was wir wissen, ist wissenschaftlich gewährleistet. Es bleibt übrigens reichlich genug, die historische Basis des Christentums zu situieren und die christliche Interpretation Jesu selbst besser zu verstehen.»[110] Ähnlich äußerte sich W. Trilling: «Der Jesus, den man so gut aus den Evangelien zu kennen meinte, hat in Wirklichkeit anders ausgesehen... Trotzdem genügt der ‹heilige Rest›, den uns die Bibelwissenschaft übriggelassen hat, um den Glauben an Jesus zu begründen. Es dürfte sogar ein Glaube sein, der sich durch größere Klarheit, Konkretion und Wirklichkeitsnähe auszeichnet.»[111]

An biographischen Daten von Jesus konnte die Evangelienforschung nur wenige nachweisen: die approximativen Jahresdaten seiner Geburt, des Beginns seines öffentlichen Auftretens und seiner Hinrichtung; daß er aus Nazaret in Galiläa stammte und in Jerusalem hingerichtet wurde.

Die grundlegenden generellen Erkenntnisse der Evangelienforschung sind folgende:
- Die Evangelien sind keine Geschichtsberichte. Sie sind Glaubensverkündigung *anhand* von Erinnerungen an den historischen Jesus. Glaubensthemen und Weisungen, die in den frühen Christengemeinden aus den Intentionen Jesu abgeleitet wurden, sind in den Evangelientexten Jesus in den Mund gelegt.
- Jesus wird in den Evangelien zwar als der historische Jesus beschrieben, aber primär als der erhöhte Christus des Ostererlebnisses vorgestellt, das der Angelpunkt der Glaubensverkündigung ist.
- Die Evangelien wurden in einer Zeit vorkritischer, narrativer Kultur verfaßt. Abstrakte Themen wurden durch Erzählungen fiktiver Begebenheiten illustriert.
- Die Evangelien wurden in der Sprache und in den Vorstellungen eines uns fremden Erfahrungs- und Verstehenshorizontes geschrieben und können nur unter dessen Berücksichtigung richtig interpretiert werden.

Damit erwiesen sich eine Reihe von Textteilen als historisch unzutreffend.

In minutiöser geschichtswissenschaftlicher Kleinarbeit an jedem einzelnen Evangelienabschnitt konnte dann historisch gültiges von historisch nicht-gültigem Material getrennt werden.

Das bedeutet, daß es der Evangelienforschung entgegen den anfänglichen Aussichten gelungen ist, das Wesentliche des historischen Jesus aus dem historisch unzutreffenden Material herauszulösen.

Es wäre aber falsch, wollte man das historisch irrelevante Material, also vor allem die symbolisch-mythologischen Erzählungen, als überflüssigen und bedeutungslosen Schutt und Ballast ansehen. Um ihnen die Bedeutung zu geben, die ihnen die Verfasser der Evangelientexte für ihre zeitgenössischen Adressaten gaben, bedarf es allerdings einer eigenen Auslegungsmethode. Eugen Drewermann entwickelte eine theologisch-tiefenpsychologische Hermeneutik (in «Tiefenpsychologie und Exegese»), die aus diesen symbolisch-mythologischen Erzählungen offenbarende und lebenshelfende Aussagen für den Menschen von heute macht und diesen in die Lage versetzt, den historischen Jesus als den jetzt und unmittelbar gegenwärtigen, hilfreichen, persönlichen Weggefährten und Wegweiser zu erleben.

Wer allerdings von der Evangelienforschung erwartete, daß sie eine Biographie von Jesus und ein wörtliches Protokoll seiner Botschaft liefern und ein ‹Ur-Evangelium› rekonstruieren würde, wurde enttäuscht. Wenn auch für die einzelnen Aussagen und Begebenheiten Jesu, die sich nicht als nichthistorisch erwiesen, der Historizitätsgrad von ‹höchst wahrscheinlich› bis ‹möglich› variiert, so ist jedenfalls das von der Evangelienforschung aus den Evangelientexten herausgeschälte Gesamtbild von Jesu Person, Leben und Botschaft als geschichtswissenschaftlich gesichert zu bewerten.

Andere stehen der Evangelienforschung ablehnend gegenüber, weil sie es als einen unverantwortlichen Substanzverlust an christlichem Glaubensgut ansehen, wenn sie bestimmten christologischen Überlieferungen der Evangelien die historische Wahrheit abspricht. Dazu ist zu sagen: «So etwas (eine solche ablehnende Einstellung) ist immer ein hoffnungsloses und fruchtloses Unterfangen, weil es unmöglich ist, mit einer ‹doppelten Wahrheit› zu leben; man kann als Historiker nicht etwas leugnen, was man zugleich als gläubiger Mensch zu bejahen verpflichtet wäre. Wissenschaftliche Evidenzen lassen sich durch den Glauben nicht aufhalten, obwohl sie ihrerseits den Glaubens*vorstellungen* widersprechen können.»[110]

Ich persönlich bin vom heute erreichten Erkenntnisstand der Evangelienforschung beeindruckt. Eines aber kann ich nicht verstehen. Seit mehr als 200 Jahren arbeitet nunmehr die Evangelienforschung schon daran, die so brennende und von so vielen gestellte Frage nach der geschichtlichen Wahrheit der Evangelien zu beantworten. Und nun hat sie diese Frage endlich weitgehend beantwortet, aber den letzten kleinen Schritt hat sie nicht getan, nämlich: Anstatt ihre Erkenntnisse in dicken Fachkommentaren vergraben liegen zu lassen, *die synoptischen Evangelien selbst in historisch bereinigter Fassung der Öffentlichkeit vorzulegen.* Damit wäre die Frage nach der geschichtlichen Wahrheit der Evangelien in der denkbar prägnantesten und konkretesten Weise beantwortet. Es kann wirklich nicht jedem zugemutet werden, daß er die mehr als 6000 Buchseiten durchstudiert, um die Erkenntnisse zu finden, die ich in diesem Buch referiert habe.

Es wurden der Text der Logiensammlung Q[112] und der des Evangeliums der Urgemeinde in Jerusalem[83] rekonstruiert. Aber die Redaktion eines historisch bereinigten Gesamtevangeliums wurde nicht versucht. Warum nicht?

Wenn man bedenkt, wie oft Evangelientexte in Wort und Schrift noch so zitiert werden, als gäbe es überhaupt keine Evangelienforschung, dann erscheint mir diese Lücke nicht nur unverständlich, sondern geradezu unverantwortlich.

Deshalb habe ich mich entschlossen, diesen letzten Schritt zu wagen und die griechischen Texte[113] der drei synoptischen Evangelien anhand der Erkenntnisse der Evangelienforschung in einen einzigen, historisch gültigen, deutschen Evangelienbericht zu übertragen (im Dritten Teil dieses Buches).

Basis und Richtschnur für die Anordnung der einzelnen Abschnitte war das Markusevangelium, weil es das älteste ist und dem geschichtlichen Jesus am nächsten kommt. Die Abschnitte der beiden anderen synoptischen Evangelien wurden nach Möglichkeit in die Markus-Ordnung eingereiht. Die Großen Reden sowie die Gleichnisse und Parabeln Jesu wurden an den Anfang gesetzt.[114]

Die Umschichtung von Textteilen, die mit der Zusammenlegung der drei Evangelientexte zu einem einzigen notwendig wurde, brachte übrigens einen Vorteil mit sich, der bei Inangriffnahme dieser Arbeit nicht vorauszusehen war:

Die Jesus-Worte, die in frühchristlichen Gemeinden anfänglich in kleinen Bruchstücken notiert worden waren, wurden dann gesammelt und in der Folge zu Logienblöcken vereinigt. Dabei kam es auch vor, daß solche Logien zusammengefügt wurden, denen lediglich ein Wort gemeinsam war, die thematisch nichts miteinander zu tun hatten. Die Folge war, daß Textblöcke entstanden, in denen der Sinn der Teile unterging und ein Sinn des Ganzen fehlte. In diesen Fällen führte bei meinen Bemühungen die anfänglich lediglich notwendige Umschichtung *zur Wiederentdeckung des Sinnes solcher Jesus-Worte*.

Dritter Teil

Das Evangelium Jesu

Praktische Vorbemerkungen

Die konzentrierte Übersetzung der drei griechischen Evangelien von Markus, Matthäus und Lukas anhand der im Zweiten Teil beschriebenen Erkenntnisse ergab die nachstehende Evangelienharmonie in historisch bereinigter Fassung.

Dieser Evangeliumtext ist in durchlaufend numerierte Abschnitte gegliedert. Wenn ein Abschnitt aus Teilen besteht, die verschiedenen Stellen in den überlieferten Evangelientexten entstammen, so sind diese Teile durch Ziffern am Rand gekennzeichnet.

Ebenfalls am Rand zu jedem Abschnitt beziehungsweise Unterabschnitt sind die entsprechenden Stellen aus den synoptischen Evangelien angegeben. Wer den hier vorgelegten Evangeliumtext mit den überlieferten Evangelientexten vergleichen möchte, den führen diese Angaben von dem hier vorgelegten Text zu den überlieferten Texten. Und umgekehrt führen ihn die Angaben der E-Nummern im Zweiten Teil von den einzelnen Textteilen der synoptischen Evangelien (Markus, Matthäus, Lukas) zu den entsprechenden Abschnitten beziehungsweise Unterabschnitten des hier vorgelegten Evangeliumtextes.

Die in Klammern gesetzten Worte oder Sätze sind erklärende Ergänzungen und stammen nicht aus den griechischen Evangelientexten.

Die hochgestellten Zahlen verweisen auf die Anmerkungen am Ende des Buches.

Der der vorliegenden Übersetzung zugrundeliegende griechische Text der synoptischen Evangelien: B. und K. Aland, Novum Testamentum Graece (‹Nestle›, Stuttgart [26]1979).

Die biblischen Eigennamen sind gemäß dem ‹Ökumenischen Verzeichnis der biblischen Eigennamen nach den Loccumer Richtlinien› (Stuttgart 1981) geschrieben.

Gliederung

V. Hinrichtung

VI. Das Ostererlebnis

I. Aufbruch

1. Die Schreckenspredigt des Johannes

Lk 3,1-2

1 Im 15. Jahr der Regierung des Kaisers Tiberius, als Pontius Pilatus Präfekt über Judäa, Herodes Vierfürst über Galiläa, dessen Bruder Philippus Vierfürst über die Gegend von Ituräa und die Trachonitis, und Lysanias Vierfürst über Abilene war, unter dem Hohenpriester Hannas und Kajaphas, trat der in der Wüste lebende Johannes, der Sohn des Zacharias, an die Öffentlichkeit.

Mk 1,1-13
Mt 3,1-17
Lk 3,3-23

2 Er predigte am Jordan eine Taufe der Umkehr zur Vergebung der Sünden und sagte (u.a.): «Ihr Natterngezücht! Wer hat euch gesagt, ihr könntet dem kommenden Zorngericht entgehen? Die Axt ist schon die Wurzel der Bäume gelegt. Jeder Baum, der keine Frucht bringt, wird umgehauen und ins Feuer geworfen.»
Ganz Judäa und Jerusalem zog zu ihm hinaus und ließ sich von ihm taufen. In jenen Tagen kam auch Jesus, der aus Nazaret in Galiläa stammte und ungefähr dreißig Jahre alt war, zu Johannes und ließ sich von ihm im Jordan taufen. Dann ging Jesus in die Wüste und war dort viele Tage.

2. Die Frohbotschaft Jesu

Mk 1,14–15
Mt 4,12–16
Lk 4,14

Nachdem Johannes verhaftet worden war, ging Jesus nach Galiläa und verkündete dort die Frohbotschaft Gottes:
«Die Zeit ist erfüllt!
Das Gottesreich ist nahegekommen!
Denkt um! Glaubt an die Frohbotschaft!»

3. Erste Schüler

Mk 1,16–20
Mt 4,17–22
Lk 5,1–11

Als Jesus am Ufer des Sees von Galiläa entlangging, sah er Simon, der Petrus genannt wird, und dessen Bruder Andreas das Netz auswerfen. Und als er weiterging, sah er Jakobus und Johannes, die Söhne des Zebedäus, wie sie im Boot die Netze zurechtmachten. Sie waren alle Fischer. Jesus lud sie ein, ihm zu folgen, und sagte zu ihnen: «Ich werde euch zu Menschenfischern machen.» Sie wurden seine Schüler.

II. In Galiläa

Die Bergpredigt

Mt 5,1
Als Jesus die Menschenmenge sah, die ihm folgte, stieg er auf den Berg, setzte sich und lehrte sie:

4. Freut euch!

Mt 5,2–12
Lk 6,20–26
Hört die Frohbotschaft, die ich euch verkünde:
Den Armen gehört das Gottesreich.
Wer hungert, wird satt sein.
Wer weint, wird fröhlich sein.
Und wenn die Leute euch meinetwegen hassen,
dann freut euch und tanzt!

5. Ein neues Ethos

Mt 5,21–22
1 Ihr habt gehört, Gott habe zu den Vorfahren gesagt: ‹Du sollst nicht morden. Wer mordet, verfällt dem Gericht.›
Ich sage euch: Jeder, der gegen seinen Bruder böse denkt, verfällt dem Gericht.

Mt 5,27–28
2 Ihr habt gehört, Gott habe den Vorfahren gesagt: ‹Du sollst nicht ehebrechen.›
Ich sage euch: Jeder, der eine verheiratete Frau mit der Absicht anschaut, sie zu besitzen, hat im Herzen mit ihr die Ehe bereits gebrochen.

Mt 5,33–37
3 Seid wahrhaftig! Euer Wort gelte. Das Ja sei ein Ja, und das Nein sei ein Nein. Was darüber hinausgeht, ist vom Bösen.

Mt 5,38–48
Lk 6,27–37

4 Laß dich nicht von bösen Menschen zur Feindseligkeit herausfordern. Wenn dich einer (voller Verachtung) auf die rechte Wange schlägt, dann halte ihm auch die andere hin. Wenn dich einer vor Gericht bringen und dein Hemd pfänden will, dann laß ihm auch deinen Mantel. Und wenn dich einer (gemäß der römischen Besatzungsvorschrift) zu einer Meile Frondienst zwingt, dann geh mit ihm zwei Meilen. Wer dich bittet, dem gib. Und wer von dir borgen will, dem kehre nicht den Rücken.

Liebt eure Feinde und tut jenen Gutes, die euch hassen, damit ihr Gott, eurem Vater, ähnlich werdet, der seine Sonne aufgehen läßt über Böse und Gute und den Regen fallen läßt über Gerechte und Ungerechte.

Wenn ihr die liebt, die euch lieben, wo ist da diese Liebe? Und wenn ihr denen Gutes tut, die euch Gutes tun, wo ist da diese Liebe? Und wenn ihr denen leiht, von denen ihr auf Rückgabe hofft, wo ist da diese Liebe?

Seid voller Liebe, wie euer Vater voller Liebe ist und keinen Menschen von ihr ausschließt!

6. Habt Vertrauen!

Mt 6,25–34
Lk 12.22–34

1 Sorgt nicht voller Angst für euer Leben, was ihr essen oder was ihr trinken werdet, oder für euren Leib, was ihr anziehen werdet. Ist das Leben nicht mehr als das Essen und der Leib nicht mehr als die Kleider?

Seht die Raben! Sie säen nicht, sie ernten nicht und sammlen nicht in Scheunen. Gott ernährt sie. Seid ihr nicht viel mehr als sie?

Seht die Feldblumen! Sie spinnen nicht und weben nicht. Und nicht einmal Salomo in seiner ganzen Pracht war gekleidet wie eine von ihnen. Wenn Gott schon das Gras, das heute auf dem Feld steht und morgen in den Ofen geworfen wird, so kleidet, wieviel mehr wird er für euch sorgen! Ihr habt so wenig Vertrauen.

Fragt euch also nicht voller Angst: ‹Was werden wir essen?› oder ‹Was werden wir trinken?› oder ‹Was werden wir anziehen?›. Um das alles sorgen sich jene, die Gott nicht kennen. Euer Vater weiß ja, daß ihr das braucht. Nein, sorgt vielmehr dafür, daß das Gottesreich kommt; dann wird Gott euch das alles dazugeben.

Mt 7,7–11
Lk 11,9–13

2 Bittet, und Gott wird euch geben. Sucht, und ihr werdet finden. Klopft an, und Gott wird euch einlassen. Es gilt ja schon unter den Menschen: ‹Wer bittet, dem wird gegeben. Wer sucht, der findet. Wer anklopft, dem wird geöffnet.›

Was müßte das für ein Mensch sein, der seinem Kind einen Stein gäbe, wenn es ihn um Brot bittet? Oder eine Schlange, wenn es ihn um einen Aal bittet? Wenn also schon ihr, die ihr (gemessen an Gott) böse seid, euren Kindern Gutes gebt, wieviel mehr wird Gott, euer Vater, denen Gutes geben, die ihn bitten!

7. Vergebt, dann erst betet!

Mt 5,23–24

1 Wenn du deine Gabe zum Opferaltar bringst, und dort fällt dir ein, daß dein Bruder etwas gegen dich hat, dann laß deine Opfergabe vor dem Opferaltar liegen, geh zu deinem Bruder und ver-

söhne dich mit ihm. Dann komm zurück und dann erst bring deine Opfergabe dar.

Mk 11,25
Mt 6,14–15

2 Wenn ihr zum Beten getreten seid, aber gegen jemanden etwas habt, vergebt ihm zuerst. Dann wird Gott, euer Vater, auch euch eure Verfehlungen vergeben.

8. Schaut unvoreingenommen in die Welt!

Mt 6,22–23
Lk 11,34–36

Durch deine Augen nimmst du das Licht in dich auf. Wenn deine Augen ungetrübt sind, dann siehst du alles klar und hell. Wenn sie aber schlecht sind, dann siehst du alles trüb und dunkel. Sieh also zu, daß deine Augen ungetrübt sind.
Wenn du die ganze Welt unbefangen und unverbogenen Sinnes anschaust, dann wirst du sie auf einmal im strahlenden Lichte (Gottes) sehen.

9. Verurteilt nicht!

Mt 7,3–6
Lk 6,41–42

1 Wie kommt es? Den Splitter im Auge deines Bruders siehst du, und den Balken im eigenen Auge bemerkst du nicht. Wie kannst du zu deinem Bruder sagen: ‹Bruder, erlaube mir, daß ich dir den Splitter aus dem Auge ziehe›, und bemerkst nicht den Balken im eigenen Auge? Du Heuchler! Entferne zuerst den Balken aus dem eigenen Auge. Dann wirst du klar sehen, und dann kannst du den Splitter aus dem Auge deines Bruders entfernen.

Mt 7,1a

2 Verurteilt nicht. Und Gott wird euch nicht verurteilen.

Mk 4,24
Mt 7,2
Lk 6,38

3 Mit dem Maß, mit dem ihr anderen zuteilt, wird Gott euch zuteilen. Und er wird euch noch mehr geben.

10. Entweder Gott oder Geld

Mt 6,19–21
Lk 12,33–34

1 Verkauft euren Besitz und gebt Almosen. Macht euch Geldbeutel, die nicht alt werden. Legt bei Gott einen bleibenden Schatz an, an den kein Dieb herankommt, und den keine Motte zerfrißt.

Mt 6,24
Lk 16,13

2 Niemand kann zwei Herren dienen. Entweder wird er den einen ablehnen und den andern lieben. Oder er wird zum einen halten und den andern verachten. Gott **und** dem Mammon dienen, das werdet ihr nicht können.

11. Hört auf mich!

Mt 7,24–27
Lk 6,46–49

Wer zu mir kommt, meine Worte hört und danach handelt, gleicht einem klugen Mann, der sein Haus auf Felsengrund gebaut hat. Es fiel der Regen, die Fluten kamen, die Stürme tobten und schlugen gegen das Haus, aber es stürzte nicht ein.

Jeder aber, der meine Worte hört und nicht danach handelt, gleicht einem törichten Mann, der sein Haus auf Sand gebaut hat. Der Regen fiel, die Fluten kamen, und die Stürme tobten und schlugen gegen das Haus, und es stürzte zusammen. Das Unglück war ungeheuer.

— — —

Mt 7,28–29
8,1

Die Menschenmenge war außer sich. Jesus lehrte wie jemand, der die Vollmacht dazu hat, und anders als die Schriftgelehrten.

Aus verschiedenen Predigten

(Bei anderen Gelegenheiten sagte Jesus:)

12. Zeitenwende

Mt 13,16–17
Lk 10,23–24

1 Glücklich die Augen, die sehen, was ihr seht! Ich sage euch, viele Propheten und Könige wünschten sich, zu sehen, was ihr seht, aber haben es nicht gesehen, und zu hören, was ihr hört, aber haben es nicht gehört.

Mt 10,34–37
Lk 12,51–53

2 Ich bin nicht gekommen, Ruhe und Ordnung in das Land zu bringen, sondern das Schwert (gegen das von den Vätern überkommene Joch der Gesetzesfrömmigkeit). Jung und Alt werden sich entzweien.

Lk 5,39

3 Niemand, der alten Wein getrunken hat, mag neuen und sagt: ‹Der alte Wein ist gut.›

Mk 9,49–50
Mt 5,13
Lk 14,34

4 Das Salz (das Gesetz) ist etwas Gutes. Wenn das Salz aber kein rechtes Salz mehr ist, wie wollt ihr ihm seine Kraft wiedergeben? Es taugt zu nichts mehr. Man wirft es weg. Gottes Salz wird Feuer sein.

Lk 12,49

5 Dieses Feuer in die Welt zu bringen, dazu bin ich gekommen. Was will ich anderes, als daß es auch brenne?

Mt 11,28–30

6 Auf euch allen lastet tägliche Mühsal und das Joch des Gesetzes. Kommt zu mir, und ihr werdet aufatmen. Nehmt **mein** Joch auf euch und werdet meine Schüler. Mein Joch schmerzt nicht, und meine Last ist leicht.

13. Gott ist euer Vater,
und ihr alle seid Geschwister!

Mt 23,9 1 Nennt keinen von euch ‹Vater›. Nur einer ist euer Vater: Gott.

Mt 18,10 2 Hütet euch, einen dieser kleinen Leute zu mißachten. Ihre Engel im Himmel schauen immer das Antlitz Gottes.

Lk 14,12–14 3 Wenn du ein Mittag- oder Abendessen gibst, lade nicht deine Freunde, deine Brüder, deine Verwandten oder reichen Nachbarn ein. Sonst laden sie dich zurück ein, um sich bei dir zu bedanken. Wenn du ein Gastmahl gibst, lade Arme, Behinderte, Lahme und Blinde ein. Du wirst glücklich sein!

Mt 18,21–22
Lk 17,3–4 4 Wenn sich dein Bruder gegen dich verfehlt, und er bereut es, vergib ihm. Und wenn er sich siebenmal am Tag gegen dich verfehlt und siebenmal wieder zu dir kommt und sagt: ‹Es reut mich›, so vergib ihm.

14. Einzelsätze

Mt 5,14 1 Ihr seid das Licht der Welt. Eine Stadt, die auf dem Berg liegt, kann nicht verborgen bleiben.

Mk 9,43–47
Mt 5,29–30
18,8–9 2 Wenn eine Falle deinen Fuß umkrallt hält, dann hau ihn ab. Es ist besser für dich, mit nur einem Fuß zu leben als mit beiden zugrundezugehen. (Ebenso laß los, was dich hindert, in das Gottesreich einzutreten.)

Mt 26,52 3 Alle, die zum Schwert greifen, werden durch das Schwert umkommen.

Mk 8,14–21
Mt 16,5–12
Lk 12,1

Apg 20,35

4 Laßt euch nicht anstecken, weder von den Wunschträumen der Pharisäer noch von den Umtrieben des Herodes!

5 Geben macht glücklicher als Nehmen.

Gleichnisse und Parabeln*

(Jesus erzählte folgendes:)

15. Mischt nicht Neu und Alt!

Mk 2,21–22
Mt 9,16
Lk 5,36–38

Niemand näht einen Flicken aus (neuem) unge-
walktem Stoff auf einen alten Mantel. Sonst reißt
der Flicken von ihm ab, und der Riß wird noch
schlimmer.
Man füllt auch nicht jungen (gärenden) Wein in
alte (steif gewordene) Ziegenbälge. Sonst sprengt
der Wein die Bälge, und der Wein fließt aus.

16. Die Lampe

Mk 4,21–23
Mt 5,15–17
Lk 11,33

Holt man denn eine Lampe, damit sie (zum Aus-
löschen) unter den Scheffel gestellt wird, oder damit sie auf den Leuchter gestellt wird?
Wer Ohren hat zu hören, der höre!

17. Der Sämann

Mk 4,1–9
Mt 13,1–9
Lk 8,4–8

Hört! Der Sämann zog zum Säen aus. Und es geschah beim Säen: Das eine Korn fiel nebenhin
auf den Weg; es kamen die Vögel und fraßen es
auf. Anderes fiel auf den Felsengrund, wo es
nicht viel Erde hatte; als die Sonne aufging,

---

*Unter Gleichnis versteht man einen Vergleich, der auf jedermann zu-
trifft, unter Parabel die vergleichende Erzählung eines Einzelfalles, der
nicht auf jedermann zutrifft.

wurde es versengt; und weil es keine Wurzel hatte, verdorrte es. Anderes fiel unter die Dornen; die Dornen stiegen hoch und erstickten es, und es brachte keine Frucht. Und andere Körner fielen auf die gute Erde, stiegen hoch und brachten Frucht: eines trug dreißigfach, eines sechzigfach und eines hundertfach.
Wer Ohren hat zu hören, höre!

18. Das Saatkorn

Mk 4,26–29

Mit dem Gottesreich ist es so: Ein Mann hat das Saatkorn auf die Erde geworfen. Nachts schläft er, und morgens steht er auf. Aber die Saat sproßt und wächst hoch; wie, weiß er selbst nicht. Von selbst trägt die Erde Frucht, erst Halm, dann Ähre und schließlich volles Korn in der Ähre. Wann die Frucht es erlaubt, dann ist die Ernte.

19. Das Senfkorn

Mk 4,30–32
Mt 13,31–32
Lk 13,18–19

Womit soll ich das Gottesreich vergleichen? Es ist mit dem Gottesreich wie mit einem Senfkorn: Wenn es auf die Erde gesät wird, ist es kleiner als alle Samenkörner. Doch wenn es gesät ist, wächst es hoch und wird größer als alle Küchenkräuter und treibt große Zweige, so daß unter ihrem Schatten die Vögel des Himmels wohnen.

20. Der Weizen und das Unkraut

Mt 13,24–30 Mit dem Gottesreich ist es wie mit einem Mann, der auf seinen Acker guten Samen säte. Als aber die Saat aufging und Frucht ansetzte, ging auch Unkraut auf. Da gingen die Kechte zum Gutsherrn und fragten ihn: ‹Sollen wir nicht hingehen und das Unkraut jäten?›
Er antwortete ihnen: ‹Nein, sonst reißt ihr mit dem Unkraut auch den Weizen aus. Laßt beides miteinander wachsen bis zur Ernte.

21. Das Fischnetz

Mt 13,47–53 Mit dem Gottesreich ist es wie mit einem Fischnetz, das in den See geworfen wurde und Fische aller Art zusammenbrachte. Als es voll war, zogen sie es ans Ufer. Und sie setzten sich und sammelten die guten in Gefäße, die schlechten aber warfen sie weg.

22. Der Sauerteig

Mt 13,33–35
Lk 13,20–21 Womit soll ich das Gottesreich vergleichen? Es gleicht einem Sauerteig, den eine Frau in drei Sea[115] Mehl hineinmischte, bis das Ganze durchsäuert war.

23. Die verlorene Drachme [116]

Lk 15,8–10 Wird eine Frau, die nur zehn Drachmen hat und eine davon verloren hat, nicht eine Lampe anzünden, das ganze Haus fegen und überall suchen, bis sie das Geldstück gefunden hat? Wenn sie es gefunden hat, wird sie ihre Freundinnen zusammenrufen und ihnen sagen: ‹Freut euch mit mir! Ich habe die Drachme, die ich verloren hatte, wiedergefunden.›

Ich sage euch, ebenso wird sich Gott über einen einzigen Sünder freuen, der umkehrt.

24. Das verirrte Schaf

Mt 18,12–14
Lk 15,4–7

Was meint ihr? Wenn jemand hundert Schafe besitzt und eines davon sich verirrt hat, wird er die neunundneunzig Schafe in den Bergen zurücklassen und weggehen, das verirrte Schaf zu suchen?

Gott tut es. Und wenn er es gefunden hat, ich sage euch, er wird sich über dieses mehr freuen als über die neunundneunzig nicht verirrten.

25. Der verlorene Sohn

Lk 15,11–32

Ein Mann hatte zwei Söhne. Der jüngere von ihnen sagte zum Vater: ‹Vater, gib mir den Teil des Vermögens, der mir zusteht.› So teilte der Vater das Vermögen unter sie.

Nach ein paar Tagen packte der jüngere Sohn alles zusammen und zog in ein fernes Land. Dort verschleuderte er sein Vermögen in einem ausschweifenden Leben. Als er alles durchgebracht hatte, begann er, Hunger zu leiden. Nun fing er an nachzudenken und sagte sich: Wie viele Tagelöhner meines Vaters haben Brot im Überfluß, während ich hier vor Hunger umkomme. Ich will zu meinem Vater gehen und ihm sagen: ‹Vater, ich habe mich gegen dich versündigt, ich bin nicht mehr wert, dein Sohn zu heißen. Halte mich wie einen deiner Tagelöhner.›

Er machte sich auf und ging zu seinem Vater. Als er noch weit weg war, sah ihn schon sein Vater und hatte Mitleid mit ihm. Er lief ihm entgegen, fiel ihm um den Hals und küßte ihn voller Liebe. Da sagte der Sohn: ‹Vater, ich habe mich gegen dich versündigt. Ich bin nicht mehr wert, dein Sohn zu heißen.›

Der Vater aber sagte zu seinen Knechten: ‹Holt schnell das beste Gewand heraus und legt es ihm an. Holt das Mastkalb und schlachtet es. Wir wollen ein Festmahl halten und fröhlich sein. Denn dieser mein Sohn war tot und lebt wieder. Er war verloren und ist wiedergefunden worden.› Und sie fingen an zu feiern.

Der ältere Sohn arbeitete noch auf dem Feld. Als er auf dem Heimweg in die Nähe des Hauses kam, hörte er Musik und Tanz. Er rief einen der Knechte und erkundigte sich, was das bedeute. Der Knecht sagte zu ihm: ‹Dein Bruder ist gekommen. Und weil ihn dein Vater jetzt wohlbehalten wiedergefunden hat, ließ er das Mastkalb schlachten.› Daraufhin wurde der ältere Bruder zornig und wollte nicht hineingehen.

Da kam sein Vater zu ihm heraus und redete ihm zu. Doch sein Sohn erwiderte ihm: ‹Vater, so viele Jahre diene ich dir nun schon, und nie habe ich deine Gebote übertreten. Aber noch nie hast du mir auch nur ein Zicklein geschenkt, damit ich mit meinen Freunden feiern könnte. Nun aber ist dieser dein Sohn gekommen, der dein Vermögen mit Dirnen vertan hat, da hast du für ihn das Mastkalb geschlachtet.›

Da sagte der Vater zu ihm: ‹Mein Kind, du bist doch immer bei mir. Alles, was mein ist, ist auch dein. Heute aber mußten wir feiern und fröhlich sein, weil dein Bruder tot war und wieder lebt, weil er verloren war und wiedergefunden wurde.›

26. Der verschuldete Diener

Mt 18,23–35 Mit dem Gottesreich ist es wie mit einem königlichen Herrn, der mit seinen Dienern abrechnen wollte. Als er mit der Abrechnung anfing, wurde ihm ein Diener vorgeführt, der ihm zehntausend Talente[117] schuldete. Da er nicht zahlen konnte, befahl der Herr, ihn, seine Frau, seine Kinder und seine ganze Habe zur Bezahlung seiner Schuld zu verkaufen.

Da fiel ihm der Diener zu Füßen und flehte ihn an: ‹Hab Geduld mit mir, ich werde dir alles bezahlen.› Der Herr hatte Mitleid mit diesem Diener, ließ ihn frei und erließ ihm die Schuld.

Als der Diener hinausging, traf er einen seiner Dienstgenossen, der ihm hundert Denare[118] schuldete. Er packte und würgte ihn und fuhr ihn an: ‹Bezahle, was du mir schuldig bist.› Da fiel ihm der Dienstgenosse zu Füßen und bat ihn: ‹Hab Geduld mit mir. Ich werde bezahlen.› Der aber war nicht bereit und warf ihn in das Gefängnis, bis er die Schuld bezahlt hätte.

Als dessen Dienstgenossen das sahen, waren sie empört, gingen zum Herrn und berichteten ihm den ganzen Vorfall. Da ließ der Herr den ersten Diener zu sich rufen und sagte zu ihm: ‹Du niederträchtiger Diener! Deine ganze Schuld habe ich dir erlassen, weil du micht angefleht hast. Hättest du dich nicht auch deines Dienstgenossen erbarmen müssen, wie ich mich deiner erbarmt habe?›

27. Das verschmähte Gastmahl

Mt 22,1–14
Lk 14,15–24

Ein Mann gab ein großes Gastmahl und lud viele dazu ein. Zur Stunde des Gastmahls sandte er einen Diener zu den Geladenen, ihnen zu sagen ‹Kommt! Das Mahl ist bereitet.› Da entschuldigten sich plötzlich alle. Der erste sagte: ‹Ich habe einen Acker gekauft und muß unbedingt hingehen, ihn zu besichtigen. Entschuldige mich bitte.› Ein anderer sagte: ‹Ich habe fünf Paar Ochsen gekauft und gehe gerade hin, sie zu prüfen. Entschuldige mich bitte.› Wieder ein anderer sagte: ‹Ich habe geheiratet und kann daher nicht kommen.›
Der Diener kam zurück und berichtete seinem Herrn. Da wurde dieser zornig und sagte zu seinem Diener: ‹Geh sofort hinaus auf die Straßen und Gassen der Stadt und lade die Armen und Behinderten ein.› Als der Diener dann meldete ‹Herr, ich habe getan, was du befohlen hast, aber es ist noch Platz›, sagte der Herr: ‹Dann geh hinaus auf die Landstraßen und hole herein, wen du triffst, damit mein Haus voll wird.›

28. Die Arbeiter im Weinberg

Mt 20,1–15

Mit dem Gottesreich ist es wie mit einem Gutsherrn, der am frühen Morgen Arbeiter für seinen Weinberg anwarb. Nachdem er mit ihnen einen Tageslohn von einem Denar[118] vereinbart hatte, schickte er sie in seinen Weinberg.

Als er vormittags gegen neun Uhr andere Männer ohne Arbeit auf dem Markt herumstehen sah, sagte er zu ihnen: ‹Geht in meinen Weinberg. Ich werde euch geben, was recht ist.› Und sie gingen in den Weinberg.

Mittags und gegen drei Uhr nachmittags machte es der Gutsherr wieder so.

Als er gegen fünf Uhr nachmittags nochmals Männer ohne Arbeit herumstehen sah und sie fragte: ‹Warum steht ihr den ganzen Tag untätig herum?›, antworteten sie ihm: ‹Es hat uns niemand Arbeit gegeben.› Da sagte er zu ihnen: ‹Geht in meinen Weinberg.›

Als es Abend geworden war, sagte der Gutsherr zu seinem Verwalter: ‹Ruf die Arbeiter und zahle ihnen den Lohn aus. Fang mit dem letzten an, und die ersten entlohne zuletzt.› So kamen zuerst die Arbeiter der letzten Stunde und erhielten jeder einen Denar. Als die ersten darankamen, waren sie überzeugt, mehr zu erhalten. Aber auch sie erhielten jeder einen Denar. Da waren sie über den Gutsherrn aufgebracht und sagten: ‹Die zuletzt gekommen sind, haben nur eine Stunde gearbeitet, und du hast sie gleichgestellt mit uns. Und wir haben die Last des ganzen Tages und die Hitze ertragen.›

Da sagte der Gutsherr zu einem von ihnen:

‹Freund, ich tue dir nicht unrecht. Hast du nicht mit mir einen Denar vereinbart? Ich will aber den letzten ebensoviel geben wie dir. Bist du mir böse, wenn ich gütig bin?›

29. Die wagemutigen und der ängstliche Diener

Mt 25,14–28
Lk 19,11–24

1 Ein Mann, der außer Landes verreiste, rief seine Diener zusammen und vertraute ihnen sein Vermögen an. Einem gab er fünf Minen[119], einem andern zwei, und einem dritten eine, jedem nach seinen Fähigkeiten. Dann reiste er ab.
Der Diener, der die fünf Minen erhalten hatte, begann sofort, mit ihnen Geschäfte zu machen, und gewann fünf Minen dazu. Ebenso gewann der Diener mit den zwei Minen zwei dazu. Aber der Diener, der die eine Mine erhalten hatte, verwahrte sie in einem Schweißtuch.
Nach langer Zeit kehrte der Herr zurück und rechnete mit den Dienern ab. Der Diener, der die fünf Minen erhalten hatte, trat vor den Herrn und brachte auch die fünf dazugewonnenen Minen. Da sagte der Herr zu ihm: ‹Sehr gut! Du bist ein tüchtiger und wagemutiger Diener. Du warst mit wenigem zuverlässig. Ich werde dir vieles anvertrauen. Komm zum Festmahl deines Herrn.›
Dasselbe geschah mit dem zweiten Diener. Schließlich trat der Diener, der die eine Mine erhalten hatte, vor den Herrn und sagte: ‹Herr, ich weiß, du bist ein harter Mensch, und ich hatte Angst vor dir. So habe ich deine Mine in einem

Schweißtuch verwahrt. Siehe, Herr, hier ist sie.› Der Herr antwortete ihm: ‹Du bist ein untauglicher, ängstlicher Diener. Du hättest wissen können, daß ich ernte, wo ich nicht gesät habe. Du hättest mein Geld (wenigstens) bei den Geldwechslern anlegen können. Dann hätte ich es jetzt mit Zinsen abheben können. – Nehmt ihm die Mine und gebt sie dem, der die zehn Minen hat.›

Mk 4,25
Mt 13,12
25,29
Lk 8,18
19,26

2 ‹Wer (dazugewonnen) hat, dem wird gegeben werden, und er wird im Überfluß haben. Wer aber nichts (dazugewonnen) hat, dem wird auch das genommen werden, was er hat.›

30. Der verborgene Schatz

Mt 13,44

Das Gottesreich ist wie ein Schatz, der unter einem Acker verborgen liegt. Ein Mann findet ihn. Er deckt ihn wieder zu, verkauft voller Freude alles, was er hat, und erwirbt diesen Acker.

31. Die kostbare Perle

Mt 13,45–46

Mit dem Gottesreich ist es wie mit einem Kaufmann, der nach schönen Perlen suchte. Als er eine besonders kostbare fand, verkaufte er alles, was er hatte, und erwarb sie.

32. Zweierlei Söhne

Mt 21,28-32

Jesus erzählte folgendes Gleichnis:
«Ein Mann hatte zwei Söhne. Er wandte sich an
den ersten und sagte zu ihm: ‹Mein Sohn, geh
heute in den Weinberg arbeiten.› Der antwortete: ‹Ich gehe, Vater.› Er ging aber nicht.
Da wandte sich der Vater an den zweiten Sohn
und sagte zu ihm dasselbe. Der aber antwortete:
‹Ich mag nicht.› Dann aber reute es ihn, und er
ging in den Weinberg.
Welcher der beiden Söhne hat den Willen des Vaters erfüllt?»
Die Zuhörer antworteten: «Der zweite.» Darauf
sagte Jesus: «Ja, und ich sage euch, die (verrufenen) Zollpächter und die Prostituierten gehen
noch vor euch in das Gottesreich hinein.»

33. Die klugen und die törichten Brautjungfern

Mt 25,1-13

(Jesus sagte:) Mit dem Gottesreich wird es sein
wie mit zehn Mädchen, die ihre Lampen nahmen und dem Bräutigam entgegengehen wollten.
Fünf von ihnen waren töricht und fünf klug. Die
törichten nahmen nur die Lampen mit, jedoch
kein Öl. Die klugen nahmen (für alle Fälle) mit
den Lampen auch Öl in Krügen mit. Es wurde
spät, alle wurden schläfrig und schliefen ein. Mitten in der Nacht weckte sie plötzlich ein Geschrei aus dem Schlaf: «Schaut, der Bräutigam!
Geht ihm entgegen!» Alle Mädchen richteten
ihre Lampen her, die törichten aber sagten zu

den klugen: «Gebt uns von eurem Öl, unsere Lampen verlöschen.» Die klugen aber antworteten ihnen: «Nein, für uns und euch wird es nicht reichen. Geht lieber Öl beim Krämer kaufen.» So gingen sie weg, um Öl zu kaufen. Währenddessen aber gingen die klugen Mädchen mit dem Bräutigam zur Hochzeitsfeier.

34. Der Freund
(Jesus sagte:)

1 Angenommen, einer von euch ginge um Mitternacht zu einem Freund und sagte zu ihm: ‹Freund, leih mir drei Brote. Ein Bekannter ist auf seiner Durchreise zu mir gekommen, und ich habe nichts, ihm anzubieten.›
Welcher Freund würde ihm antworten: ‹Stör mich nicht. Ich habe schon die Türe geschlossen. Meine Kinder und ich sind schon im Bett. Ich kann nicht aufstehen und dir etwas geben›?
Und wenn der Freund nicht gesonnen wäre, aufzustehen und ihm zu geben, was er braucht, einfach weil er dessen Freund ist, schon wegen dessen Aufdringlichkeit wird er aufstehen und ihm geben, was er braucht.

Lk 18,7
2 Sollte Gott denen, die Tag und Nacht zu ihm rufen, nicht helfen?

35. Der Richter und die Witwe

Lk 18,1-8
(Jesus sagte:) Es war in einer Stadt ein gottloser und rücksichtsloser Richter. Eine Witwe kam (immer wieder) zu ihm und sagte: ‹Verschaffe

mir Recht gegen meine Widersacher.› Lange Zeit wollte er nicht. Dann aber sagte er sich: ‹Mich scheren weder Gott noch die Menschen. Aber diese Witwe kommt dauernd gelaufen und liegt mir in den Ohren. Ich will ihr Recht verschaffen, damit sie mich endlich in Ruhe läßt.›
Sollte Gott denen, die Tag und Nacht zu ihm rufen, nicht helfen?

36. Der schlaue Verwalter

Lk 16,1–9

(Vielleicht bei einem Mahl mit Zoll- und Steuerpächtern, deren Unredlichkeit sprichwörtlich war, erzählte Jesus – wohl mit einem verhaltenen Schmunzeln – folgende Parabel:)
Es war ein Verwalter, der bei seinem Herrn beschuldigt wurde, er verschleudere dessen Vermögen. Der Herr ließ ihn rufen und sagte zu ihm: ‹Was muß ich da über dich erfahren? Leg Rechenschaft ab über deine Verwaltung. Du kannst nicht länger Verwalter bleiben.›
Da sagte sich der Verwalter: ‹Mein Herr enthebt mich der Verwaltung. Was soll ich jetzt tun? Zu körperlicher Arbeit tauge ich nicht, betteln zu gehen schäme ich mich. – Ja, jetzt weiß ich, was ich tue, damit mich die Leute nach meiner Entlassung freundlich in ihre Häuser aufnehmen.›
Er rief die Schuldner seines Herrn, einen nach dem anderen, zu sich. Er fragte den ersten: ‹Wieviel bist du meinem Herrn schuldig?› Dieser antwortete ihm: ‹Hundert Bat[120] Öl.› Er sagte zu ihm: ‹Nimm deinen Schuldschein, setz dich gleich hin und schreibe ‹fünfzig›.› Dann fragte

er den nächsten: ‹Wieviel bist du schuldig?› Der antwortete: ‹Hundert Kor[121] Weizen.› Er sagte zu ihm: ‹Nimm deinen Schuldschein und schreibe ‹achtzig›.›

Von einem Ort zum andern

37. In Kafarnaum

Mk 1,21–28
Lk 4,31–37

1 Jesus ging mit seinen Schülern nach Kafarnaum hinein. Gleich am Sabbat ging er in die Synagoge und lehrte. Die Zuhörer gerieten über seine Lehre außer sich. Denn er lehrte wie jemand, der die Vollmacht dazu hat, und anders als die Schriftgelehrten.

In ihrer Synagoge war ein kranker Mann, und Jesus heilte ihn. Darüber erschauderten alle; sie stritten untereinander und sagten: «Wer ist das?» Die Kunde von Jesus drang bald überallhin in das ganze Umland Galiläas.

Mk 1,29–34
Mt 8,14–17
Lk 4,38–41

2 Als Jesus und seine Schüler die Synagoge verlassen hatten, gingen sie in das Haus des Simon (Petrus). Dessen Schwiegermutter lag krank darnieder. Jesus faßte sie an der Hand, und sie stand auf und bediente sie.

Als es Abend wurde und die Sonne unterging, brachten die Leute Kranke zu Jesus. Die ganze Stadt war vor Simons Haus versammelt. Und Jesus heilte viele.

Mk 1,35–38
Lk 4,42–43

3 Frühmorgens, als es noch dunkel war, stand Jesus auf, ging fort an einen einsamen Ort und betete dort. Simon und dessen Gefährten gingen ihm nach, fanden ihn und sagten zu ihm: «Alle suchen dich.»

Er antwortete ihnen: «Wir wollen weiterziehen in die umliegenden Ortschaften. Deswegen bin ich (aus Kafarnaum) herausgegangen.»

38. Bestellung der Zwölf

Mk 3,13–19
Mt 10,1–4
Lk 6,12–16

Jesus wählte aus seinen Schülern einen Kreis von ‹Zwölf› aus, als seine Begleiter und Boten: Simon, dem der den Beinamen ‹Petrus› gab, Jakobus, den Sohn des Zebedäus, und dessen Bruder Johannes, die er ‹Sturmgesellen› nannte, Andreas, Philippus, Bartolomäus, Matthäus, Tomas, Jakobus, den Sohn des Alphäus, Taddäus, Simon, den Zeloten, und Judas aus Kariot.

39. Unermüdlich unterwegs

Mk 1,39
Mt 4,23–25
9,35–38

1 Jesus wanderte durch alle Städte und Dörfer, lehrte in den Synagogen in ganz Galiläa, verkündete die Frohbotschaft vom Gottesreich und heilte Krankheiten und Gebrechen.

Lk 8,1–3

2 Mit Jesus waren die Zwölf sowie einige Frauen, die Jesus von bösen Geistern geheilt hatte: Maria aus Magdala, die er von sieben Dämonen befreit hatte, Johanna, die Frau von Chuzas, einem Verwalter des Herodes, Susanna und andere Frauen, die Jesus dienten.

40. Wiedersehen mit Nazaret

Mk 6,1–6
Mt 13,54–58
Lk 4,16–30

Jesus kam auch nach Nazaret, wo er aufgewachsen war. Nach seiner Gewohnheit ging er am Sabbat in die Synagoge und lehrte. Alle, die ihm zuhörten, waren außer sich und sagten: «Woher hat er das?» und «Was für eine Weisheit, die ihm gegeben ist? Und solche Machttaten, die durch seine Hände geschehen? Ist das nicht der Handwerker, der Sohn der Maria? Und ein Bruder von Jakobus und Joses und Juda und Simon? Und wohnen nicht auch seine Schwestern hier bei uns?» Sie nahmen an ihm Anstoß. Und Jesus sagte zu ihnen: «Ein Prophet ist nicht mißachtet außer in seiner Vaterstadt, bei seinen Verwandten und in seinem Hause.» Er konnte dort keine Machttat wirken. Er war über ihren Mangel an Vertrauen verwundert.

41. Ein römischer Hauptmann

Mt 8,5–13
Lk 7,1–10

Als Jesus nach Kafarnaum zurückkam, trat ein (römischer) Hauptmann an ihn heran und bat ihn um Hilfe: «Mein Haussklave liegt gelähmt zu Hause und hat fürchterliche Schmerzen.» Jesus sagte zu ihm: «Ich (ein Jude) soll (in dein Haus) kommen und ihn heilen?» Der Hauptmann antwortete ihm: «Herr, ich bin es nicht wert, dich in mein Haus zu bitten. Sag nur ein Wort, und mein Haussklave wird gesund. Bei mir ist es ebenso: Ich bin zwar bloß ein Untergebener. Aber zu meinen Soldaten, die ich unter mir habe, brauche ich auch nur ein Wort zu sagen. Wenn ich zu einem sage ‹Geh›, so geht er, oder ‹Komm›, so kommt er, und zu meinem Sklaven ‹Tu das›, so tut er es.» Jesus staunte und sagte zum Hauptmann: «Geh nach Hause. Dir soll geschehen, wie du vertraut hast.» Der Haussklave des Hauptmanns wurde gesund.
Zu denen, die ihm folgten, sagte Jesus: «Bei niemand in Israel bin ich solchem Vertrauen begegnet.»

42. Gott hat dir vergeben

Mk 2,1–12
Mt 9,1–8
Lk 5,17–26

Es kamen viele Leute. Da drängten sich vier Männer mit einem Kranken, der nicht gehen konnte, durch die Menschenmenge bis zu Jesus vor. Als er ihr Vertrauen sah, sagte er zum Kranken: «Sei getrost, mein Sohn. Gott hat dir deine Sünden vergeben. Steh auf, nimm dein Bett und geh nach Hause.» Dieser stand auf und ging nach Hause.

43. Mit übel beleumundeten Leuten zu Tisch

Mk 2,13–17
Mt 9,9–13
Lk 5,27–32

Jesus lag im Hause des Zöllners Levi, des Sohnes des Alphäus, zusammen mit Zöllnern (übel beleumundeten und als ‹unrein› geltenden Leuten), zu Tisch. Schriftgelehrte sahen das und sagten zu seinen Schülern: «Mit Zöllnern ißt er!»
Jesus hörte es und sagte zu ihnen: «Nicht die Starken bedürfen der Hilfe, sondern jene, die übel daran sind. Ich bin nicht gekommen, die Frommen (in das Gottesreich) einzuladen, sondern die Sünder.»

44. Fasten?

Mk 2,18–20
Mt 9,14–15
Lk 5,33–35

Die Schüler des Johannes (des Täufers) und Pharisäer wandten sich an Jesus und sagten zu ihm: «Wir fasten. Warum fasten deine Schüler nicht?» Jesus antwortete ihnen: «Können denn Menschen im Hochzeitssaal fasten, wenn der Bräutigam bei ihnen ist?»

45. Jesu Schüler verletzen den Sabbat

Mk 2,23–28
Mt 12,1–8
Lk 6,1–5

Als Jesus am Sabbat durch die Kornfelder ging, aßen seine Schüler Korn aus den Ähren. Da sagten Pharisäer zu ihm: «Warum tun sie, was am Sabbat nicht erlaubt ist?»

Jesus antwortete ihnen: «Gott hat den Sabbat für den Menschen gemacht, und nicht den Menschen für den Sabbat. Also ist der Mensch Herr über den Sabbat.»

46. Jesus heilt am Sabbat

Mk 3,1–6
Mt 12,9–14
Lk 6,6–11

Jesus ging wieder in eine Synagoge. Dort war im Synagogendienst ein Mann mit einer gelähmten Hand. Pharisäer beobachteten Jesus, ob er ihn – es war Sabbat – heilen werde.

Jesus sagte zum Mann mit der gelähmten Hand: «Komm in die Mitte.» Und zu den Umstehenden sagte er: «Ist es erlaubt, am Sabbat Gutes zu tun oder Böses zu tun? Jemanden zu retten oder zu töten?»

Sie schwiegen. Jesus blickte sie ringsum an, voll Zorn und tief betrübt über die Verhärtung ihrer Herzen. Zu dem Mann sagte er, er solle seine Hand ausstrecken. Dieser streckte sie aus, und sie war geheilt.

Und zu den Umstehenden sagte er: «Wer von euch würde sein einziges Schaf, das ihm an einem Sabbat in eine Grube gefallen ist, nicht packen und herausziehen? Wieviel mehr ist ein Mensch als ein Schaf!»

Daraufhin besprachen sich die Pharisäer mit den

Anhängern des Herodes, Jesus unschädlich zu machen.

47. Scheidung der Geister

Mk 3,20–21 1 Als Jesus (nach Kafarnaum) nach Hause kam, war der Andrang des Volkes so gewaltig, daß er und seine Schüler nicht einmal dazukamen zu essen.

Als seine Angehörigen davon hörten, machten sie sich auf den Weg, um ihn in ihre Obhut zu bringen. Denn sie sagten sich: «Er ist von Sinnen.»

Mk 3,22–27
Mt 12,22–32
Lk 11,14–23 2 Als Jesus wieder einen Kranken heilte, geriet das ganze Volk außer sich. Sie sagten: «Ist dieser nicht der Sohn Davids?»

Einige aber sagten: «Er ist vom Satan besessen. Durch den Satan treibt er die Dämonen aus.»

Jesus sagte zu ihnen: «Wie kann der Satan sich selber austreiben? Wenn ein Reich in sich selbst entzweit ist, kann es nicht bestehen. Und wenn eine Familie in sich selbst entzweit ist, kann sie nicht bestehen. Und wenn sich der Satan gegen sich selber erhebt, kann er auch nicht bestehen, sondern es geht mit ihm zu Ende. Wenn ich durch den Satan die Dämonen austreibe, durch wen treiben dann eure Söhne sie aus? Wenn ich hingegen durch den Finger Gottes die Dämonen austreibe, dann ist das Gottesreich zu euch gekommen!

Wie kann jemand das Reich eines Starken in Besitz nehmen, wenn er nicht (stärker ist als er und) zuerst diesen Starken überwindet? Wenn aber der Stärkere diesen überwunden hat, dann wird er die Herrschaft antreten.

Wer nicht mit mir ist, der ist gegen mich. Wer nicht mit mir sammelt, der zerstreut!»

48. Jesus und Johannes der Täufer

Mt 11,7–19

1 Jesus sprach zur Menschenmenge über Johannes: «Was wolltet ihr sehen, als ihr in die Wüste hinausgegangen seid? Ein Schilfrohr, das im Winde wankt? Oder einen Mann in üppigen Kleidern? Die üppige Kleider tragen, sind in den Palästen der Könige. Was wolltet ihr also sehen? Einen Propheten? Ja, aber ich sage euch, er war mehr als ein Prophet. Unter den Menschen ist kein Größerer aufgestanden als er.

Mit wem soll ich diese Menschen vergleichen? Sie benehmen sich wie Kinder, die auf dem Marktplatz herumsitzen (und mit keinem Spiel einverstanden sind). Ein paar von ihnen schlagen vor, Begräbnis zu spielen, und singen Klagelieder. Da schreien alle: ‹Nein, wir schlagen nicht an die Brust!› Dann schlagen andere vor, Hochzeit zu spielen, und blasen auf der Flöte. Da schreien alle: ‹Nein, wir tanzen nicht!› Erst kam Johannes, der weder aß noch trank. Da sagten die Leute: ‹Er hat einen Dämon.› Dann kam ich, ein Mensch, der ißt und trinkt. Da sagen die Leute: ‹Dieser Mensch ist ein Schlemmer und Trinker. Er hält es mit verrufenen Leuten.›»

Mk 6,14–16
Mt 14,1–2
Lk 9,7–9

2 (Nach der Enthauptung des Johannes) sagten die einen von Jesus: «Johannes der Täufer ist auferstanden. Deshalb wirken dessen Kräfte in ihm.»

Andere sagten: «Er ist Elija.» Und wieder andere: «Er ist ein Prophet wie einer der Propheten.»
Als Herodes das hörte, war er beunruhigt und sagte: «Johannes habe ich enthaupten lassen. Wer aber ist dieser Jesus?»

49. Wenn ihr betet ...

Mt 6,9–13
Lk 11,1–4

Jesus betete an einem einsamen Ort. Als er zurückkam, sagte einer seiner Schüler zu ihm: «Lehre uns beten, wie auch Johannes seine Schüler beten gelehrt hat.»
Jesus antwortete ihnen: «Wenn ihr betet, sagt:
‹Vater!
Dir werde heilige Ehrfurcht erwiesen!
Dein Reich komme!
Gib uns heute, was wir zum Leben brauchen!
Vergib uns unsere Schuld, wie wir unseren Schuldnern vergeben haben!
Und bewahre uns vor der großen Versuchung›»

50. Das Wichtigste: Vertrauen

Mk 9,42
Mt 18,6
Lk 17,1–2

1 Jesus sagte: «Einem Menschen, der Gott vertraut wie ein Kind seinem Vater, dieses Vertrauen zu nehmen, das ist schlimmer als einem Menschen einen Mühlstein um den Hals zu legen und ihn im Meer zu ertränken.»

Mt 14,22–33

2 (Ein Traum des Petrus?:)
Jesu Schüler waren mitten auf dem See Gennesaret. Es war Nacht. Und sie waren von den Wellen

bedrängt. Da, frühmorgens, sahen sie Jesus über das Wasser dahinschreiten. Sie entsetzten sich. Sie meinten, es sei ein Gespenst, und schrien vor Angst auf.

Jesus aber sagte zu ihnen: «Habt keine Angst. Ich bin es.»

Und Petrus antwortete ihm: «Wenn du es bist, so befiehl mir, auf dem Wasser zu dir zu kommen.»

Und Jesus sagte: «Komm!»

Petrus stieg aus dem Boot und ging über das Wasser, Jesus entgegen. Da bekam er plötzlich Angst vor dem Sturmwind. Er begann zu sinken und schrie: «Herr, rette mich!»

Jesus streckte ihm seine Hand entgegen, packte ihn und sagte: «Wie klein ist dein Vertrauen! Wie lange noch zweifelst du?»

51. Talitha kum

Mk 5,21–43
Mt 9,18–26
Lk 8,40–56

Als Jesus mit dem Boot wieder an das andere Ufer hinübergefahren war, kam einer der Synagogenvorsteher namens Jaïrus. Sobald er Jesus sah, fiel er ihm zu Füßen und bat ihn flehentlich um Hilfe: «Mein Töchterchen ist todkrank. Komm doch und leg ihr die Hände auf, damit sie gesund wird und am Leben bleibt.»

Jesus sagte zu ihm «Hab Vertrauen» und ging mit ihm. Sie kamen zum Haus des Synagogenvorstehers. Jesus nahm den Vater und die Mutter und seine Begleiter mit und trat ein, wo das Kind war. Er faßte es bei der Hand und sagte zu ihm: «Talitha kum.» Das heißt übersetzt «Mädchen steh auf». Und gleich stand das Mädchen auf und ging

umher. Es war zwölf Jahre alt. Die Leute waren
außer sich vor Staunen.

52. Hilf mir, daß ich vertraue!

Mk 9,14–29
Mt 17,14–20
Lk 9,38–43a
Jesus und seine Schüler begegneten einer An-
sammlung von Leuten, die mit Schriftgelehrten
stritten. Als die Leute Jesus sahen, ergriff sie
große Erregung, sie liefen ihm entgegen und begrüßten ihn.
Jesus fragte sie: «Worüber streitet ihr?»
Einer aus der Menge antwortete ihm: «Ich habe
meinen Sohn hergebracht. Der hat einen stummen Geist. Wenn er meinen Sohn packt, reißt er
ihn hin und her, es tritt meinem Sohn Schaum
aus dem Mund, er knirscht mit den Zähnen und
wird ganz starr. Und ich sagte zu den Schriftgelehrten, sie sollten den Geist austreiben. Doch
sie konnten es nicht.
Da erwiderte Jesus: «Oh, ihr Menschen ohne
Vertrauen! Wie lange noch soll ich bei euch sein?
Wie lange noch euch ertragen? Bringt den Jungen zu mir.»
Sie brachten ihn zu ihm. Er wurde hin- und her-
gezerrt, fiel zu Boden und wälzte sich schäu-
mend. Der Vater des Kindes sagte zu Jesus:
«Wenn du helfen kannst, hilf uns, hab Erbarmen
mit uns!»
Da sagte Jesus: «Was heißt ‹Wenn du kannst›?
Wer Gott vertraut, dem ist alles möglich.»
Da schrie der Vater des Jungen: «Ich will ja ver-
trauen. Hilf mir, daß ich vertraue!» Daraufhin
lief die Volksmenge hinzu.

Jesus faßte den Jungen bei der Hand und richtete ihn auf. Und der Junge stand auf.

53. Vertrauen, das Berge versetzt

Mk 11,22–24
Mt 21,21–22
(Mt 17,20
Lk 17,6)

Jesus sagte zu den Zwölfen: «Vertraut Gott! Wahrlich, ich sage euch: Wer zu diesem Berg da sagt ‹Heb dich weg und wirf dich ins Meer!› und in seinem Herzen nicht zweifelt, sondern vertraut, daß das, was er sagt, geschieht, dem wird es geschehen! Vertraut, daß ihr alles bekommt, worum ihr bittet; ihr werdet es bekommen.»

54. Aussendung der Zwölf

Mk 6,7–13
Mt 10,5–15
Lk 9,1–6

1 Jesus rief die Zwölf zu sich. Er sandte sie je zu zweit aus, das Gottesreich zu verkünden, Dämonen auszutreiben und Kranke zu heilen.

Mt 10,40
Lk 10,16

2 Er sagte zu ihnen: «Wer auf euch hört, der hört auf mich, und wer euch ablehnt, der lehnt mich ab. Wer aber mich ablehnt, der lehnt den ab, der mich gesandt hat.»

55. Der Wille Gottes, nicht ‹heilige› Überlieferung!

Mk 7,1–13
Mt 15,1–9

1 Pharisäer und einige Schriftgelehrte, die von Jerusalem gekommen waren, versammelten sich um Jesus. Sie fragten ihn: «Warum wandeln deine Schüler nicht nach der Überlieferung der Vorfahren, sondern essen das Brot mit unreinen Händen?»

Jesus sagte zu ihnen: «An der Überlieferung der Menschen haltet ihr fest, aber das Gebot Gottes schlagt ihr in den Wind. Es ist großartig, wie ihr das Gebot Gottes abtut, um eure Überlieferung zu bewahren. Mose hat gesagt ‹Ehre deinen Vater und deine Mutter› [122] und ‹Wer Vater und Mutter verschmäht, soll sterben› [123], ihr aber sagt ‹Wenn jemand zu Vater oder Mutter ‹Korban› [124] sagt – das heißt ‹Was immer du von mir als Unterstützung bekommen solltest, sei Opfergabe› – dann laßt ihr ihn nichts mehr tun für Vater oder Mutter. So schafft ihr das Wort Gottes durch eure selbstgemachte Überlieferung ab. Und dergleichen tut ihr vieles.»

Mt 23,4
Lk 11,46

2 «Wehe euch, Schriftgelehrte und Pharisäer! Ihr bürdet den Menschen unerträgliche Lasten auf und nehmt sie ihnen nicht ab, obwohl dazu ein Wink mit dem Finger genügte.»

Mt 23,13–31
Lk 11,52

3 «Schriftgelehrte und Pharisäer! Wehe euch, ihr Heuchler! Ihr versperrt den Menschen das Gottesreich. Selbst geht ihr nicht hinein. Und jenen, die hineingehen wollen, verwehrt ihr den Eintritt.

Wehe euch, ihr Heuchler! Den Zehnten auf Minze, Dill und Kümmel zahlt ihr, aber an das Recht und die Barmherzigkeit und den Glauben denkt ihr nicht!»

Mt 8,11–12
Lk 13,28–29

4 «Ich sage euch: Gott wird euch aus seinem Reich hinausstoßen. Und ihr werdet euch bittere Vorwürfe machen, wenn ihr sehen werdet, daß sie vom Osten und Westen, Norden und Süden kommen und mit Abraham, Isaak und Jakob am Festmahl des Gottesreiches teilnehmen werden.»

56. Was ist unrein?

Mk 7,14–23
Mt 15,10–20

Jesus rief die vielen Leute herbei und sagte zu ihnen: «Hört alle auf mich und begreift! Es gibt nichts (Eßbares), was von außen in den Menschen hineinkommt, das ihn unrein machen kann. Aber das, was aus dem (Herzen des) Menschen herauskommt, das macht ihn unrein. Wer Ohren hat zu hören, der höre!»

57. Beglaubigungszeichen Gottes?

Mk 8,10–13

1 Pharisäer traten an Jesus heran und begannen mit ihm eine Auseinandersetzung. Sie forderten von ihm ein Zeichen Gottes (zur Beglaubigung seiner Vollmacht).
Da seufzte Jesus tief auf und sagte: «Was verlangen diese Menschen ein Zeichen? Wahrlich, ich sage euch: Nie und nimmer wird diesen Menschen ein Zeichen gegeben werden.»
Er ließ sie stehen, stieg in das Boot und fuhr zum Ufer jenseits der Bucht.

Lk 17,20–21

2 Als Jesus von Pharisäern gefragt wurde, wann das Gottesreich kommen werde, sagte er zu ihnen: «Die Ankunft des Gottesreiches ist nicht durch äußere Zeichen zu erkennen. Man kann auch nicht sagen ‹Seht, hier ist es!› oder ‹Seht, dort ist es!› Das Gottesreich ist unter euch!»

Mk 13,28–29
Mt 24,32–33
Lk 21,29–31

3 (Bei einer anderen Gelegenheit sagte Jesus:) «Lernt vom Feigenbaum: Wenn ihr seht, daß der Zweig des Feigenbaumes saftig wird und Blätter treibt, wißt ihr, daß der Sommer nahe ist. Wenn

ihr seht, was geschieht, wißt ihr, daß das Gottesreich vor der Tür steht!»

Mt 16,2–3
Lk 12,54–57 4 «Wenn ihr im Westen eine Wolke aufsteigen seht,
wißt ihr gleich, daß es Regen gibt. Und er
kommt. Und wenn ihr den Wüstenwind spürt,
wißt ihr, daß es Hitze gibt. Und sie kommt. Ihr
Heuchler! Das Aussehen der Erde und des Himmels wißt ihr zu beurteilen, aber das, was gegen-
wärtig vor sich geht, warum beurteilt ihr das
nicht? Warum entscheidet ihr nicht aus euch
selbst, was das Rechte ist?»

Mk 9,1
Mt 16,28
Lk 9,27 5 «Wahrlich, ich sage euch: Unter denen, die hier
stehen, sind einige, die den Tod nicht kosten werden, ehe sie den machtvollen Anbruch des Gottesreiches erleben werden.»

58. Bekenntnis des Petrus

Mk 8,27–30
Mt 16,13–20
Lk 9,18–22 Jesus ging mit den Zwölfen hinaus in die Dörfer
von Cäsarea Philippi. Unterwegs fragte er sie:
«Für wen halten mich die Leute?»
Sie antworteten ihm: «Die einen für (den inzwi-
schen hingerichteten) Johannes den Täufer, an-
dere für Elija, und wieder andere für sonst einen
Propheten.»
Da fragte er sie: «Und ihr, für wen haltet ihr
mich?»
Petrus antwortete ihm: «Du bist der Gesalbte
Gottes.»
Darauf schärfte ihnen Jesus ein, mit niemand
über ihn zu reden.

59. Der Auslieferung entgegen

Mk 9,30–32
Mt 17,22–23
Lk 9,43–45
18,31–34

1 Von dort zogen sie wieder durch Galiläa. Aber Jesus wollte nicht, daß es jemand erfahre.
Während das ganze Volk über alles staunte, was Jesus tat, sagte er zu seinen Schülern: «Hört auf diese Worte und vergeßt sie nicht: Gott wird den Menschen in die Hände der Menschen ausliefern.»
Sie aber verstanden das Wort nicht und scheuten sich, ihn zu fragen.

Lk 12,50

2 (Ein anderes Mal sagte Jesus:) «Mir steht Schreckliches bevor. Es muß sein, aber ich habe solche Angst, bis es vollendet ist.»

Mk 10,35–45
Mt 20,20–23

3 Jakobus und Johannes, die Zebedäussöhne, gingen zu Jesus und sagten zu ihm: «Laß uns in deiner Herrlichkeit einen zu deiner Rechten und einen zu deiner Linken sitzen.»
Jesus aber sagte zu ihnen: «Ihr wißt nicht, worum ihr bittet. Könnt ihr das Schreckliche durchstehen, das mir bevorsteht?»

60. Die Nachfolge Jesu

Mk 8,34–38
Mt 16,24–28
Lk 9,23–27
14,27

1 Jesus rief die Volksmenge zusammen und sagte: «Wer mir nachfolgen will, entsage sich selbst und bekenne sich bedingungslos zu Gott.
Was nützt es dem Menschen, die ganze Welt zu besitzen, wenn er stirbt? Oder kann er sich damit vom Tod loskaufen?

Lk 14,33

2 Wer sich nicht von allem löst, was er hat, kann nicht mein Schüler sein.

Lk 14,26

3 Wenn einer zu mir kommt und nicht Vater und Mutter, Frau und Kinder, Brüder und Schwestern und sich selbst hintansetzt, kann er nicht mein Schüler sein.

Lk 9,61-62

4 Wer seine Hand an den Pflug legt und zurückschaut, taugt nicht für das Gottesreich.»

Mt 8,21-22
Lk 9,59-60

5 (Ein anderes Mal sagte er:) «Folge mir nach und laß die Toten ihre Toten begraben!»

61. Diener aller

Mk 9,33-34

1 Als Jesus mit den Zwölfen im Hause in Kafarnaum anlangte, fragte er sie: «Worüber habt ihr unterwegs gesprochen?»
Sie schwiegen. Denn sie hatten darüber gestritten, wer von ihnen der Größte sei.

Mk 9,35
Mt 20,24-28
23,11

2 Da setzte er sich nieder und sagte zu ihnen: «Wenn einer der Erste sein will, werde er der Letzte von allen und der Diener aller.

Mt 23,12
Lk 14,11

3 Wer sich selbst erhöht, den wird Gott erniedrigen. Wer sich aber bewußt ist, wie klein er ist, den wird Gott erhöhen.»

62. Ehe und Ehelosigkeit

Mk 10,2
10,9
Mt 19,6

1 Pharisäer fragten Jesus, ob es dem Mann erlaubt ist, seine Frau aus der Ehe zu entlassen.
Jesus sagte zu ihnen: «Ich sage euch: Was Gott verbunden hat, soll der Mensch nicht trennen.»

Mt 19,10-12

2 Da sagten die Schüler anschließend zu Jesus: «Wenn die Sache zwischen Mann und Frau so steht, dann ist es nicht gut zu heiraten.»

Jesus (eine solche Flucht in die Ehelosigkeit miß-
billigend) entgegnete ihnen: «Ehelosigkeit? Das
kann nur fassen, wem es von Gott gegeben ist. Es
gibt Eunuchen, die als solche zur Welt kommen;
es gibt Eunuchen, die von anderen dazu gemacht
werden, und es gibt Menschen, die selbst auf die
Ehe verzichten, des Gottesreiches wegen! Wer es
fassen kann, der fasse es!»

63. Wenn ihr nicht werdet wie die Kinder...

Mk 10,13–16
Mt 18,1–4
19,13–15
Lk 18,15–17
Die Leute brachten Kinder zu Jesus, damit er ihnen die Hände auflege und sie segne. Die Schüler
aber schalten sie. Als Jesus das sah, wurde er un-
willig und sagte: «Laßt die Kinder zu mir kommen. Haltet sie doch nicht ab. Menschen, die so
sind wie diese Kinder, gehört das Gottesreich.
Wahrlich, ich sage euch: Wenn ihr nicht werdet
wie die Kinder, werdet ihr nicht in das Gottesreich eingehen.» Jesus umarmte sie und legte ihnen die Hände auf.

64. Ein Rivale?

Mk 9,38–41
Lk 9,49–50
Johannes sagte zu Jesus: «Wir haben jemanden
gesehen, der in deinem Namen Dämonen aus-
treibt, aber nicht uns nachfolgt. Wir wollten ihn
daran hindern, weil er nicht uns nachfolgt.»
Jesus entgegnete ihm: «Hindert ihn nicht. Es gibt
niemand, der in meinem Namen eine Machttat
tut und dann übel von mir reden wird.»

65. Das Tor in das Gottesreich

Mk 10,17–31
Mt 19,16–30
Lk 18,18–30

1 Ein junger Mann lief auf Jesus zu, fiel vor ihm auf die Knie und begann: «Guter Rabbi...» Jesus (fiel ihm in das Wort und) sagte zu ihm: «Was nennst du mich ‹gut›? Niemand ist gut außer einer: Gott.»

Der junge Mann fuhr dann fort: «Was muß ich tun, um das ewige Leben zu erhalten?»

Jesus antwortete ihm: «Du kennst die Gebote: Du sollst nicht morden, du sollst nicht ehebrechen, du sollst nicht stehlen, du sollst nicht falsch aussagen, du sollst den Lohn nicht vorenthalten, du sollst Vater und Mutter ehren.»

Der junge Mann antwortete ihm: «Rabbi, das alles habe ich seit meiner Jugend beobachtet.»

Da schaute ihn Jesus an, küßte ihn und sagte zu ihm: «Eines fehlt dir noch: Geh, verkauf, was du hast, und gib den Erlös den Armen. Und du wirst einen Schatz bei Gott haben.»

Bei diesen Worten wurde der junge Mann traurig und ging betrübt weg. Er war nämlich sehr begütert.

Da schaute Jesus um sich und sagte zu seinen Schülern: «Kinder, wie schwer ist es in das Gottesreich hineinzukommen. Leichter kommt ein Kamel durch das Nadelöhr als ein Reicher in das Gottesreich hinein.»

Mt 7,13–14
Lk 13,23–24

2 Als jemand Jesus fragte, ob nur wenige gerettet würden, sagte Jesus:

«Ringt darum, hineinzukommen durch das enge Tor! Ja, eng ist das Tor in das Leben. Viele werden versuchen, anders hineinzukommen. Aber ich sage euch: Es wird ihnen nicht gelingen.»

66. Kein Zuhause

Mt 8,19–20
Lk 9,57–58

Als jemand an Jesus herantrat und zu ihm sagte: «Ich will dir folgen, wohin immer du gehst», antwortete ihm Jesus: «Die Füchse haben ihre Höhlen, und die Vögel haben ihre Nester, ich aber habe keine Ruhestatt, kein Zuhause.»

67. Abschied von Galiläa

Lk 13,31–33

Pharisäer kamen zu Jesus und warnten ihn: «Geh von hier weg. Denn Herodes will dich töten.» Jesus sagte zu ihnen: «Geht zu diesem Fuchs und sagt ihm: ‹Noch treibe ich Tag für Tag Dämonen aus und heile Kranke, dann habe ich meinen Auftrag erfüllt und breche nach Jerusalem auf. Es geht nicht an, daß ein Prophet außerhalb von Jerusalem umkommt.› »

68. Habt keine Angst!

Mt 10,24–25
Lk 6,40

1 Jesus sagte zu seinen Schülern: «Der Schüler ist nicht über dem Lehrer. Dem Schüler genügt es, daß er wird wie sein Lehrer.

Mk 13,3–27
30–37
Mt 10,16–23
Lk 12,11–12

2 Man wird euch (an Gerichte) ausliefern. Aber sorgt euch nicht im voraus, was ihr reden sollt, wenn man euch abführt und ausliefert. Was euch in jener Stunde eingegeben wird, das redet! Denn nicht ihr werdet reden, sondern der Geist Gottes.

Mt 10,26–33
Lk 12,2–9

3 Habt keine Angst! Kosten nicht zwei Spatzen nur eine Kupfermünze? Aber nicht einer von ih-

nen ist bei Gott vergessen. Und ihr seid doch mehr wert als viele Spatzen. Er kennt von euch sogar die Zahl der Haare auf dem Kopf. Habt also keine Angst!

Wer sich vor den Menschen zu mir bekennt, zu dem werde auch ich mich vor Gott bekennen. Wer mich aber vor den Menschen verleugnet, den werde auch ich vor Gott nicht kennen.

III. Unterwegs nach Jerusalem

69. Entschlossen unterwegs

Lk 9,51 1 Jesus war fest entschlossen, nach Jerusalem zu gehen.

Mk 10,32-34 2 Als sie dorthin pilgerten, ging Jesus immer voran. Die ihm folgten, aber hatten Angst und staunten (über seine Entschlossenheit).

70. Aufruf zur Umkehr

Lk 13,1-9 (Vielleicht vor dem Hintergrund der Erzählungen von einem Unglück und einer Niedermetzelung galiläischer Aufständischer durch römische Soldaten) sagte Jesus zu den Leuten: «Meint ihr, diese Menschen, die da getötet wurden oder tödlich verunglückten, wären größere Sünder gewesen, als es alle anderen sind? Nein! Aber ich sage euch: Wenn ihr nicht umkehrt, werdet ihr alle umkommen!»

71. Nochmals der Sabbat

Lk 13,10-17 Jesus lehrte an einem Sabbat in einer Synagoge. Da war eine Frau, die seit achtzehn Jahren krank war. Sie war verkrümmt und vermochte sich nicht voll aufzurichten. Als Jesus sie sah, rief er sie heran und heilte sie.
Der Synagogenvorsteher war darüber erzürnt und ergriff das Wort: «Sechs Tage gibt es, an de-

nen man arbeiten darf. An denen kommt und laßt euch heilen, aber nicht am Sabbat!»

Jesus antwortete ihm: «Ihr Heuchler! Bindet nicht jeder von euch seinen Ochsen oder Esel auch am Sabbat von der Krippe los und führt ihn zur Tränke? Und diese Frau, die eine Tochter Abrahams ist, die von ihrer Krankheit achtzehn Jahre gefangen gehalten wurde, sollte an einem Sabbat nicht von dieser Fessel losgebunden werden dürfen?»

72. Wer ist glücklich?

Lk 11,27–28

Eine Frau aus der Menschenmenge rief Jesus zu: «Glücklich die Mutter, die dich getragen und gestillt hat!»

Jesus sagte darauf: «Glücklich, wer auf das Wort Gottes hört und es befolgt!»

73. Marta und Maria

Lk 10,38–42

Jesus zog mit seinen Schülern weiter und kam in ein Dorf. Dort nahm ihn eine Frau namens Marta in ihr Haus auf. Sie hatte eine Schwester, die Maria hieß. Maria setzte sich Jesus zu Füßen und hörte seinen Worten zu. Marta aber war mit der vielen Arbeit für die Gäste beschäftigt. Sie kam zu Jesus und sagte: «Herr, stört es dich nicht, daß meine Schwester die ganze Arbeit mir überläßt? Sag ihr doch, sie soll mir helfen.»

Jesus antwortete ihr: «Marta, Marta, du machst dir Sorgen und Mühen um viele Dinge. Nur wenige Dinge sind notwendig.»

74. Beim reichen Zachäus

Lk 19,1–10

Jesus kam durch Jericho. Dort lebte ein Mann namens Zachäus. Er war ein reicher Oberzollpächter. Er stand auf dem Söller seines Hauses, als Jesus vorbeikam. Jesus schaute zu ihm hinauf und sagte zu ihm: «Zachäus, komm herunter. Ich möchte heute bei dir übernachten.»

Zachäus kam eilends herab und nahm Jesus freudig auf. Alle Leute, die das sahen, waren schockiert und sagten: «Das Haus eines Sünders betritt er, um bei ihm zu wohnen!»

Jesus aber sagte: «Heute ist diesem Haus das Heil widerfahren, weil auch dieser Mann ein Sohn Abrahams ist!»

75. Heilung des blinden Bettlers Bartimäus

Mk 10,46–52
Mt 20,29–34
Lk 18,36–43

Als Jesus mit seinen Schülern und einer beträchtlichen Volksmenge von Jericho wegzog, saß ein Bettler, der Sohn des Timäus, Bartimäus, am Weg. Als dieser hörte, daß es Jesus, der Nazarener, sei, der des Weges kam, fing er an zu schreien: «Sohn Davids, Jesus, erbarm dich meiner!»

Viele herrschten ihn an, er solle schweigen. Er aber schrie nur noch viel lauter: «Sohn Davids, erbarm dich meiner!»

Da blieb Jesus stehen und sagte: «Ruft ihn her.» Sie riefen den Blinden her und sagten zu ihm: «Hab Mut! Steh auf! Er ruft dich.» Der warf seinen Mantel ab, sprang auf und ging zu Jesus.

Jesus fragte ihn: «Was willst du, daß ich dir tue?» Der Blinde antwortete ihm: «Rabbuni[125], daß ich wieder sehen kann.»

Und Jesus sagte zu ihm: «Wohlan, dein Vertrauen hat dich geheilt.»
Und sogleich konnte er wieder sehen und folgte Jesus auf dem Weg.

76. Der barmherzige Samariter

Lk 10,29–37 Ein Gesetzeslehrer fragte Jesus: «Wer ist mein Nächster?»

Jesus antwortete ihm: «Ein Mensch ging von Jerusalem nach Jericho hinab und fiel unter die Räuber. Die raubten ihn aus, schlugen ihn und ließen ihn halbtot liegen.

Zufällig ging ein Priester auch diesen Weg hinab. Als er diesen Menschen sah, machte er einen Bogen um ihn und ging weiter.

Ein Samariter, ebenfalls dort unterwegs, kam in seine Nähe. Als er ihn sah, empfand er Mitleid mit ihm, ging zu ihm hin, goß Öl und Wein auf seine Wunden und verband sie. Dann setzte er ihn auf sein Lasttier, brachte ihn in eine Herberge und versorgte ihn.

Anderentags sagte er zum Wirt: «Kümmere dich um ihn. Hier sind zwei Denare.[118] Und solltest du mehr aufwenden müssen, ich werde es dir auf meinem Rückweg bezahlen.»

«Welcher von diesen dreien (Priester, Samariter, Wirt), meinst du, ist dem Menschen, der unter die Räuber fiel, zum Nächsten geworden?»

Der Gesetzeslehrer antwortete: «Der barmherzig an ihm gehandelt hat.»

Da sagte Jesus zu ihm: «Nun, mach es genau so!»

77. Der Pharisäer und der Zöllner

Lk 18,9–14 Jesus erzählte folgende Parabel:
«Zwei Männer gingen zum Tempel hinauf, um zu beten. Der eine war ein Pharisäer, der andere ein Zöllner.

Der Pharisäer stellte sich groß hin und betete vor sich selbst: ‹Gott, ich danke dir, daß ich nicht so bin wie die anderen Menschen, wie die Räuber, Betrüger und Ehebrecher oder wie dieser Zöllner da. Ich faste zweimal in der Woche und gebe den Zehnten von allen meinen Einkünften.›

Der Zöllner aber blieb abseits stehen, wagte nicht die Augen zum Himmel zu erheben, sondern schlug an seine Brust und sagte: ‹Gott, sei mir Sünder gnädig.›

Ich sage euch: Dieser ging gerechtfertigt nach Hause, anders als jener.»

78. Im Anblick Jerusalems

Lk 19,41–42 1 Als Jesus die Stadt Jerusalem vor sich erblickte, brach er in Tränen aus und sagte: «Wenn doch auch du an diesem Tag erkennen möchtest, was zum Frieden dient!

Mt 23,32–39
Lk 13,34–35 2 Jerusalem, Jerusalem! Du tötest die Propheten und steinigst, die Gott zu dir gesandt hat. Wie oft habe ich deine Kinder sammeln wollen, wie eine Vogelmutter ihre Küchlein unter den Flügeln sammelt! Und ihr habt nicht gewollt. Das Gericht wird noch über diese Generation kommen.»

IV. In Jerusalem

79. Einzug in die Stadt

Mk 11,1–11
Mt 21,1–11
Lk 19,28–38.47;
21,37
Jesus ritt auf einem Jungesel in die Stadt Jerusalem. Seine Begleiter breiteten ihre Kleider vor ihm aus und streuten Zweige auf den Weg, die sie von Bäumen abbrachen. Die Begleiter, die vor ihm hergingen und hinter ihm folgten, riefen: «Hosanna, gepriesen, der kommt im Namen des Herrn![126] Gepriesen das kommende Reich unseres Vaters David! Hosanne in den Höhen!»
Er ging in die Stadt und in den Tempel. Nachdem er alles ringsum angeschaut hatte – es war schon spät –, ging er mit den Zwölfen nach Betanien hinaus.
An den folgenden Tagen lehrte er tagsüber im Tempel, abends aber verließ er (wegen der ihm drohenden Gefahr) die Stadt und übernachtete in Betanien oder verweilte auf dem Ölberg.

80. Konfrontation im Tempel

Mk 11,15–21
Mt 21,12–17
Lk 19,45–46
Als Jesus am Tag nach seinem Einzug in Jerusalem in den Tempel kam, fing er an, Verkäufer und Käufer im Vorhof des Tempels hinauszutreiben. Er stieß Tische von Geldwechslern und Stühle von Taubenverkäufern um und erklärte, es gehe nicht an, das Tempelgelände mit einer Waffe zu betreten.
Er sagte: «Steht nicht geschrieben: ‹Mein Haus soll ein Bethaus für alle Völker genannt wer-

den?› [127] Ihr aber habt daraus eine ‹Räuber-höhle› [128] gemacht.»

Die Hohenpriester und Schriftgelehrten hörten davon und sannen nach, wie sie ihn unschädlich machen könnten. Denn sie fürchteten ihn.

81. Die Frage nach der Vollmacht Jesu

Mk 11,27–33
Mt 21,23–27
Lk 20,1–8

1 Jesus kam mit den Zwölfen wiederum nach Jerusalem hinein. Während er im Tempel herumging, kamen Hohepriester, Schriftgelehrte und Ratsälteste zu ihm und fragten ihn: «In welcher Vollmacht tust du diese Dinge? Wer hat dir die Vollmacht dazu gegeben?»

Jesus antwortete ihnen: «Ich will euch **eines** fragen. Antwortet mir darauf, und ich werde euch sagen, in welcher Vollmacht ich das tue. Die Taufe des Johannes: War sie von Gott oder von Menschen? Antwortet mir!»

Sie überlegten und antworteten ihm: «Wir wissen es nicht.»

Darauf sagte Jesus zu ihnen: «Dann sage auch ich euch nicht, in welcher Vollmacht ich das tue.»

Mk 12,1–12
Mt 21,33–46
Lk 20,9–19

2 (Dann erzählte er ihnen folgende Parabel:) «Ein Mann pflanzte einen Weinberg, errichtete einen Zaun herum, grub eine Kelter und baute einen Wachturm. [129] Dann verpachtete er den Weinberg an Weinbauern und verreiste außer Land. Zur gegebenen Zeit sandte er einen Knecht zu den Weinbauern, um von ihnen seinen Anteil am Ertrag des Weinberges in Empfang zu nehmen. Die aber ergriffen ihn, schlugen ihn und schickten ihn mit leeren Händen fort.

Noch viele andere Knechte sandte er. Die einen schlugen sie, die anderen töteten sie. Einen noch hatte er, seinen geliebten Sohn. Den sandte er als letzten zu ihnen. Er sagte sich: ‹Meinen Sohn werden sie achten.›
Jene Weinbauern aber sagten zueinander: ‹Dieser ist der Erbe. Auf, töten wir ihn!¹³⁰ Und das Erbe wird unser sein.› Und sie packten und töteten ihn¹³¹ und warfen seine Leiche zum Weinberg hinaus.
Was wird nun der Herr des Weinbergs tun? Er wird kommen und die Weinbauern vernichten und den Weinberg anderen geben.»
Sie verstanden das Gleichnis sehr wohl und gingen. Von da an aber suchten sie ihn zu ergreifen, sie fürchteten allerdings die Volksmenge.

82. Die Steuerfrage

Mk 12,13–17
Mt 22,15–22
Lk 20,20–26

Das Synedrion sandte einige Pharisäer und Herodes-Anhänger zu Jesus, die ihn durch ein Wort fangen sollten.
Sie kamen zu ihm und sagten zu ihm: «Rabbi, wir wissen, daß du wahrhaftig bist und dich nicht nach der Meinung anderer richtest. Du schaust nicht auf das Ansehen der Menschen, sondern lehrst wahrheitsgetreu den Weg Gottes. Ist es erlaubt, dem Kaiser Steuern zu zahlen? Sollen wir sie zahlen oder nicht zahlen?»
Jesus durchschaute ihre Falschheit und sagte zu ihnen: «Reicht mir einen Denar¹³², laßt sehen.»
Sie reichten ihm einen, und er sagte zu ihnen: «Wessen ist dieses Bild und die Aufschrift?»

Sie antworteten ihm: «Des Kaisers.»

Darauf sagte Jesus zu ihnen: «Dann gebt dem Kaiser zurück, was des Kaisers ist, aber Gott, was Gottes ist.»

83. Die Frage nach dem ewigen Leben

Mk 12,18–27
Mt 22,23–33
Lk 20,27–40

Sadduzäer (die an kein Fortleben nach dem Tode glaubten) kamen zu Jesus und fragten ihn: «Rabbi, Mose hat uns vorgeschrieben: Wenn ein verheirateter Mann kinderlos stirbt, soll sein Bruder dessen Frau heiraten und ihm Nachkommen zeugen.[133] Nun waren da sieben Brüder. Der erste heiratete eine Frau und starb kinderlos. Dann heiratete der zweite die Frau und starb kinderlos, und ebenso der dritte und alle übrigen. Zuletzt starb auch die Frau. Welchem der sieben Brüder wird die Frau nach der Auferstehung gehören? Alle sieben hatten sie ja zur Frau.»

Jesus sagte zu ihnen: «Irrt ihr euch nicht deshalb, weil ihr weder die Schriften noch die Allmacht Gottes kennt? Denn wenn Gott die Menschen aus dem Tod erweckt, dann werden sie so sein, wie Gottes Allmacht es bestimmt. Und daß Gott die Toten zum Leben erweckt, habt ihr darüber nicht im Buche Mose in der Geschichte vom Dornbusch gelesen, wie Gott zu Mose sprach: ‹Ich bin der Gott Abrahams, der Gott Isaaks und der Gott Jakobs› (die längst vor der Zeit des Mose gestorben waren)?[134] Er ist kein Gott von Toten, sondern von Lebenden. Ihr irrt euch sehr.»

84. Die Frage nach dem größten Gebot im Gesetz

Mk 12,28–34
Mt 22,34–40
Lk 10,25–28

Einer von den Schriftgelehrten prüfte Jesus mit der Frage: «Rabbi, welches ist das größte Gebot im Gesetz?»

Jesus antwortete ihm: «Du sollst den Herrn, deinen Gott, lieben mit deinem ganzen Herzen, mit deiner ganzen Seele, mit deinem ganzen Denken. Das ist das größte Gebot. Ein zweites ist diesem gleich: Du sollst deinen Nächsten lieben; er ist (ein Mensch) wie du.

An diesen beiden Geboten hängen das ganze Gesetz und die Propheten.»

85. Die Messiasfrage

Mk 12,34b–37
Mt 22,41–44
Lk 20,41–44

Niemand mehr wagte es, Jesus Fragen zu stellen. So nahm Jesus im Tempel selbst das Wort und stellte die Frage: «Mit welchem Recht sagen die Schriftgelehrten, daß der Messias Davids Sohn ist? David selbst hat doch, vom Himmel erleuchtet, gesagt: ‹Jahwe sprach zu meinem Herrn: Nimm Platz zu meiner Rechten, bis ich deine Feinde dir zu Füßen lege!› [135] David selber also nennt den Messias ‹Herr›! Was hat das damit zu tun, daß er sein Sohn ist?»

Das viele Volk hörte Jesus gerne zu.

86. Die Opfermünze einer Witwe

Mk 12,41–44
Lk 21,1–4

Jesus setzte sich der Schatzkammer des Tempels gegenüber nieder und beobachtete, wie die Leute Geld in die Opferstöcke warfen. Viele Reiche warfen viel hinein. Es kam eine arme Witwe und warf zwei kleine Kupfermünzen hinein.

Da rief Jesus seine Schüler zu sich und sagte zu ihnen: «Diese arme Witwe hat mehr in den Opferkasten geworfen als alle anderen.»

87. Das Schicksal des Tempels

Mk 13,1–2
Mt 24,1–2
Lk 21,5–6

Als Jesus den Tempel verließ, sagte einer seiner Schüler zu ihm: «Rabbi, schau, was für Steine und was für Bauwerke!»

Jesus sagte zu ihm: «Du siehst diese mächtigen Bauten. Ich sehe vom (wahren) Tempel Gottes keinen Stein mehr auf dem andern!»

88. Eine Ehebrecherin *

Joh 8,2–11

Am Morgen fand sich Jesus wieder im Tempel ein. Und viele Leute kamen zu ihm. Er setzte sich und lehrte.

Da brachten Schriftgelehrte und Pharisäer eine Frau zu ihm, die beim Ehebruch ertappt worden war. Sie stellten sie in die Mitte und sagten zu ihm: «Rabbi, diese Frau wurde auf frischer Tat beim

---

* Die Erzählung scheint anfangs des 3. Jahrhunderts in das Johannes-Evangelium eingefügt worden zu sein, dürfte aber dennoch auf einen historischen Vorfall zurückgehen.[136]

Ehebruch ertappt. Mose hat uns im Gesetz geboten, solche Frauen zu steinigen. Was sagst du dazu?»
Jesus bückte sich nieder und schrieb mit dem
Finger auf die Erde. Als sie hartnäckig weiter-
fragten, richtete er sich auf und sagte zu ihnen:
«Wer von euch ohne Sünde ist, werfe den ersten
Stein auf sie.»
Dann bückte er sich wieder nieder und schrieb
auf die Erde. Sie aber gingen weg, einer nach dem
andern, zuerst die Ältesten. Und Jesus blieb allein zurück mit der Frau. Jesus richtete sich auf
und fragte sie: «Frau, wo sind sie? Hat dich keiner verurteilt?»
Sie antwortete: «Keiner.»
Dann sagte Jesus zu ihr: «Auch ich verurteile
dich nicht. Geh hin und sündige nicht mehr.»

89. Eine Frau salbt Jesus

Mk 14,3–9
Mt 26,6–13
(Lk 7,36–50)

Als Jesus in Betanien im Hause Simons des Aussätzigen war und zu Tische lag, trat eine Frau mit
einem Alabastergefäß voll Salböl aus kostbarer
Pistazienerde ein, brach das Gefäß auf und goß
das Öl Jesus auf sein Haupt.
Da sagten einige schockiert zueinander: «Eine
solche Verschwendung! Man hätte dieses Salböl
für mehr als dreihundert Denare[118] verkaufen
und den Erlös den Armen geben können.» Und
sie machten der Frau heftige Vorwürfe.
Da sagte Jesus zu ihnen: «Laßt sie! Warum verletzt ihr sie? Sie hat mir einen Liebesdienst erwiesen. Arme habt ihr ja allezeit bei euch. Und
ihnen könnt ihr Gutes tun, wann ihr wollt. Mich

aber habt ihr nicht allezeit. Sie hat getan, was sie konnte. Sie hat die Salbung meines Leibes zum Begräbnis vorweggenommen.»

90. Vorbereitungen zur Verhaftung

Mk 14,1-2
Mt 26,1-5
Lk 22,1-2

1 Es war zwei Tage vor dem Paschafest und dem Fest der ungesäuerten Brote. Die Hohenpriester und Schriftgelehrten überlegten, wie sie Jesus mit List in ihre Hand bekommen und töten könnten, jedoch nicht am Festtag, damit es keinen Volksaufruhr gebe.

Mk 14,10-11
Mt 26,14-16
Lk 22,3-6

2 Da kam Judas, einer der Zwölf, zu den Hohenpriestern, um ihnen Jesus auszuliefern. Als diese das hörten, freuten sie sich und versprachen ihm Geld. Er wartete auf eine günstige Gelegenheit, Jesus auszuliefern.

91. Abschiedsmahl

Mk 14,12-16
Mt 26,17-19
Lk 22,7-13

1 Am ersten Tag der ungesäuerten Brote, an dem man das Paschalamm schlachtete, fragten seine Schüler Jesus: «Wo willst du, daß wir das Paschalamm vorbereiten?»

Jesus schickte zwei seiner Schüler in die Stadt und sagte zu ihnen (offensichtlich aufgrund einer entsprechend getroffenen Verabredung): «Geht in die Stadt. Dort wird ein Mann, der (als Erkennungszeichen) einen irdenen Wasserkrug trägt, mit euch zusammentreffen. Geht mit ihm in das Haus, in das er hineingeht, und sagt dem Hausherrn: ‹Der Rabbi läßt fragen: Wo ist die

Unterkunft für mich, wo ich mit meinen Schülern das Paschalamm essen kann?» Er wird euch ein großes Obergemach mit Liegepolstern zeigen, das schon vorbereitet ist. Dort bereitet für uns das Paschamahl.»

Die Schüler gingen in die Stadt und fanden alles, wie Jesus ihnen gesagt hatte, und bereiteten das Paschamahl.

Mk 14,17–21
Mt 26,20–25
Lk 22,21–23

2 Als es Abend geworden war, kam Jesus mit den Zwölfen. Als sie zu Tische lagen und die Vorspeise aßen, sagte er, einer, der mit ihm esse, werde ihn ausliefern.

Da wurden sie traurig, und einer nach dem andern sagte zu ihm: «Aber doch nicht ich?»

Jesus sagte zu ihnen: «Einer von euch, der mit mir aus der Schüssel ißt.»

Mk 14,22
Mt 26,26
Lk 22,19

3 Zu Beginn des Hauptmahles nahm Jesus Brot, sprach das Tischgebet, brach das Brot und reichte es ihnen mit den Worten: «Nehmt! (Das Brot des Heils,) das bin ich!»

Mk 14,23–26
Mt 26,27–30
Lk 22,20

4 (Nach dem Hauptmahl, bei dem sie das Paschalamm aßen) nahm Jesus einen Becher (mit Wein), sprach das Dankgebet, gab ihn ihnen, und sie tranken daraus. Er sagte zu ihnen: «Das ist der Bund, der mit meinem Blut besiegelt wird für alle! Wahrlich, ich sage euch: Ich werde nie mehr von der Frucht des Weinstocks trinken.»

(Zum Abschluß der Paschafeier) sangen sie den (üblichen) Hymnus und gingen dann zum Ölberg hinaus.

V. Hinrichtung

92. Im Landgut Getsemani

Mk 14,22–42
Mt 26,36–46
Lk 22,39–46

Jesus kam mit seinen Schülern zum Landgut Getsemani. Entsetzen und Angst erfaßten ihn. Und er sagte zu ihnen: «Ich bin erschüttert bis zum Tod. Bleibt hier und wacht mit mir!»
Er ging ein wenig weiter und stürzte zu Boden. Er betete: «Abba, allerliebster Vater, alles ist dir möglich. Laß diesen Kelch an mir vorübergehen. Aber nicht, was ich will, sondern was du willst!»
Er kam zurück, fand sie schlafend und sagte zu Petrus: «Simon, du schläfst? Konntest du nicht eine Stunde wachen? Wacht und betet, daß ihr nicht in Versuchung kommt!»
Er ging wieder weg und betete. Und er kam wieder und fand sie wiederum schlafend. Sie wußten nicht, was sie ihm antworten sollten. Und er kam zum dritten Mal und sagte zu ihnen: «Ihr schlaft weiter und ruht euch aus? Jetzt ist es soweit. Steht auf, wir wollen gehen!»

93. Verhaftung

Mk 14,43–53a
Mt 26,47–56
Lk 22,47–53

Sogleich kam Judas, einer der Zwölf, und mit ihm eine Schar von Leuten mit Schwertern und Knüppeln, auf Befehl der Hohenpriester, Schriftgelehrten und Ratsältesten. Der ihn auslieferte, hatte mit den Leuten ein Zeichen verabredet: «Der, den ich küssen werde, der ist es. Den nehmt fest und führt ihn vorsichtig ab.» Judas

ging auf Jesus zu, sagte zu ihm «Rabbi» und umarmte und küßte ihn. Sie aber legten Hand an
ihn und nahmen ihn fest. Irgendeiner (aus der
Schar der Häscher) zog das Schwert, traf einen
Diener des Hohepriesters und schlug ihm das
Ohr ab. Jesus sagte zu ihnen: «Wie gegen einen
Räuber seid ihr ausgezogen, um mich zu verhaften. Täglich war ich im Tempel und lehrte. Und
ihr habt mich nicht festgenommen.»
Alle ließen ihn im Stich. Nur ein junger Mann
folgte ihm. Als sie ihn ergriffen, ließ er das
Hemd, das er auf bloßem Leib trug, zurück und
floh nackt.
Sie führten Jesus zum (amtierenden) Hohenprie-
ster.

94. Vor dem jüdischen Synedrion

Mk 14,53b.55–65
Mt 26,57–68
   27,1–2
Lk 22,66–71
Alle Gruppen des Synedrions, Hohepriester,
Ratsälteste und Schriftgelehrte, versammelten
sich. Jesus wurde verhört. Zeugen sagten gegen
ihn unter anderem aus, Jesus habe in seinen Reden den Tempel angegriffen, und der Hohepriester fragte ihn, ob er der Messias und auserwählte
Bote Gottes sei.
Jesus aber schwieg.
Darauf befand das Synedrion Jesus für schuldig
und faßte im Morgengrauen den Beschluß, Jesus
vor der römischen Besatzungsmacht anzukla-
gen, ließ ihn fesseln und abführen und lieferte
ihn an Pilatus aus.

95. Verleugnung des Petrus

Mk 14,54
66–72
Mt 26,69–75
Lk 22,54–62

Petrus war von weitem bis in den Innenhof im Palast des Hohenpriesters hinein gefolgt. Er war mit den Dienern zusammen und wärmte sich am Feuer. Während Petrus unten im Hof war, kam eine der Mägde des Hohenpriesters. Und als sie den Petrus sich wärmen sah, schaute sie ihn an und sagte: «Du warst auch mit dem Nazarener zusammen.»

Er aber leugnete: «Ich verstehe nicht, was du meinst!» Und er ging in den Vorhof hinaus.

Die Magd sah ihn dort wieder und sagte zu den Umstehenden: «Der da ist auch einer von ihnen.» Nach einer Weile sagten diese Leute zu Petrus: «Richtig, du bist einer von ihnen: Du bist ja auch ein Galiläer.» Er aber fing an zu fluchen und zu schwören: «Ich kenne diesen Menschen nicht, von dem ihr redet.»

96. Vor dem römischen Präfekten

Mk 15,1–15
Mt 27,11–26
Lk 23,1–7.13–25

Pilatus verhörte Jesus. Und die Hohenpriester klagten ihn wegen politischer Rebellion an.

Jesus aber antwortete nicht, so daß sich Pilatus wunderte.

Zum Fest ließ Pilatus einen Häftling, um dessen Begnadigung sie bitten konnten, frei. So zog die Volksmenge (zur Residenz des Präfekten) hinauf und bat um die Freilassung eines Häftlings. Pilatus antwortete ihnen: «Wenn ihr wollt, lasse ich euch den ‹König der Juden› frei.» Die Volksmenge jedoch, angestiftet von den Hohenpriestern, rief, er möge ihnen Barabbas freigeben. Das war ein Mann, der zusammen mit den Aufständischen im Gefängnis lag, die beim (kürzlichen) Aufstand einen Mord begangen hatten.

Darauf gab ihnen Pilatus den Barabbas frei. Jesus aber ließ er auspeitschen und übergab ihn zur Kreuzigung.

97. Verspottung durch die Soldaten

Mk 15,16–20a
Mt 27,27–31a
Lk 22,63–65

Die Soldaten führten Jesus in das Innere des Prätoriums ab. Sie zogen ihm einen Purpurmantel an und setzten ihm einen Dornenkranz auf, den sie geflochten hatten. Sie begrüßten ihn mit «Heil dir, König der Juden!» und huldigten ihm, indem sie vor ihm die Knie beugten. Nachdem sie ihn verspottet hatten, nahmen sie ihm den Purpurmantel ab und zogen ihm die eigenen Kleider an.

98. Hinrichtung

Mk 15,20b–41
Mt 27,31b–56
Lk 23,26–49

Sie führten Jesus (aus dem Prätorium und aus der Stadt) hinaus. Sie zwangen einen Vorübergehenden, der vom Felde kam, einen gewissen Simon, einen Kyrenäer, den Vater des Alexander und des Rufus, ihm den Kreuzbalken zu tragen. Sie brachten ihn zum Ort Golgota, das heißt Schädelstätte (oder Totenkopf), und wollten ihm einen Betäubungstrank, mit Myrrhe gewürzten Wein, geben, er aber nahm ihn nicht. Sie kreuzigten ihn. Es war neun Uhr vormittags, als sie ihn kreuzigten. Die Angabe seiner Schuld war angeschrieben: «Der König der Juden». Mit ihm kreuzigten sie zwei Bandenkämpfer, einen zu seiner Rechten und einen zu seiner Linken. Dabeistehende verhöhnten ihn. Die Soldaten verteilten unter sich seine Kleider, indem sie das Los warfen, wer was nehmen sollte.

Jesus betete laut den Sterbepsalm «Eloi, Eloi, lema sabachtani» (Mein Gott, mein Gott, warum hast du mich verlassen?)»[137]

Gegen drei Uhr nachmittags stieß er einen lauten Schrei aus und verschied.

Es schauten auch Frauen von weitem zu, unter ihnen Maria aus Magdala, Maria, die Frau des Jakobus des Kleinen, Maria, die Mutter des Joses, und Salome, die ihm in Galiläa gefolgt waren und ihm gedient hatten, und andere Frauen, die mit ihm nach Jerusalem gezogen waren.

99. Bestattung

Mk 15,42–47
Mt 27,57–61
Lk 23,50–56

Da es der Vortag zum Sabbat war, und es schon Abend wurde, ging Josef von Arimatäa, ein angesehener Ratsherr, der selbst auch das Gottesreich erwartete, zu Pilatus und wagte es, ihn um den Leichnam Jesu zu bitten. Pilatus überließ ihm die Leiche.

Josef ließ Leinwand besorgen, Jesus vom Kreuz abnehmen, ihn in die Leinwand hüllen und in ein Grab legen.

VI. Das Ostererlebnis

100.1 Narrative Darstellung des Matthäus

Mt 28,16–20 Die (nach dem Verrat des Judas verbliebenen) elf Schüler Jesu gingen in Galiläa auf den Berg, wohin Jesus sie befohlen hatte. Als sie ihn sahen, huldigten sie ihm, einige aber zweifelten.

Jesus ging auf sie zu und sagte: «Gott hat mir alle Vollmacht gegeben für die ganze Menschheit.

Geht und verkündet allen Völkern die Frohbotschaft vom Gottesreich und macht sie zu meinen Schülern.

Ich bin bei euch alle Tage bis zur Vollendung der Welt.»

100.2 Sachlicher Bericht des Paulus

1. Kor. 15,4–8 Christus... wurde auferweckt... und erschien dem Kephas (Petrus), dann den Zwölfen. Danach erschien er mehr als fünfhundert Brüdern auf einmal. Die meisten von ihnen leben noch, einige sind entschlafen. Danach erschien er dem Jakobus, dann allen Aposteln. Als letztem von allen erschien er auch mir.

Vierter Teil

Am Scheideweg

I. Der historische Jesus

Das historisch gültige Bild Jesu läßt sich – in wenigen Strichen – folgendermaßen zeichnen:

Jesus war ein Mensch,
- der seine Frohbotschaft vom Gottesreich mit souveränem Selbstverständnis wie einer verkündete, der die Vollmacht dazu hat, der aber nie gesagt hat, er sei der Sohn Gottes;
- der Gutes tuend durch das Land zog und überall Aufsehen erregte, der aber keine Wunder wirkte und Wunderzeichen sogar ablehnte;
- der «zwar ganz Jude und darin auch den Anschauungen seines Milieus und seiner Zeit verpflichtet» war, aber in all dem nicht aufging, sondern es durchbrach und überschritt;[111]
- der aus kleinen Verhältnissen kam, aber weltbewegende, unverwechselbar eigene Ideen verkündete, die vorhandene Anschauungen, Begriffe und religiöse Einrichtungen transzendierten;[111]
- der an die Stelle des Grundsatzes von Kraft und Gewalt das Gebot unterschiedsloser Liebe setzte;
- der den Armen zurief, sich zu freuen, und den selbstgerechten Frommen, daß Prostituierte und verrufene Zöllner vor ihnen in das Gottesreich hineinkommen würden;
- der von Jahwe sprach, wie ein Kind von seinem Vater spricht, und uneingeschränktes Vertrauen zu diesem Gott und Erfüllung des Willens Gottes über alles stellte;
- der Zuversicht und Freude ausstrahlte und mit einfachen und verachteten Leuten frohe Tischgemeinschaft hielt;

- der – entgegen den Konventionen – in seine Gefolgschaft auch Frauen aufnahm;
- der ohne Frau, ohne Ehe lebte – was für Juden als eine Schande galt –, und nur für die Verkündigung des Gottesreiches lebte, von dessen Vision er so durchdrungen war, daß ihm alles rings um ihn zum Gleichnis für dieses Gottesreich wurde;
- der in seinen besten Mannesjahren entschlossen seiner Hinrichtung entgegenging;
- der wegen seiner als politischer Rebellion ausgelegten Reden angeklagt wurde, der der jüdischen und der römischen Autorität die Zuständigkeit absprach, von ihm Rechenschaft über seine Botschaft zu verlangen, und gekreuzigt wurde;
- der eine Bewegung hinterließ, die sich rasch ausbreitete, und deren Anhänger unter anderem «Christen» genannt wurden.

Zur historischen Realität ‹Jesus von Nazaret› gehört aber nicht nur der Jesus, wie er von seinen Zeitgenossen erlebt wurde, sondern ganz wesentlich der Jesus, der von seinen Schülern in ihrem Ostererlebnis als der Bevollmächtigte Gottes und als der verherrlichte Christus erfahren wurde, der alle Christengenerationen begleitet bis zur Vollendung dieser Welt.

II. Und die Kirchen?

«Die Geschichte der Jesus-Forschung ist eine Geschichte der deutschen evangelischen Theologie, von wenigen Ausnahmen abgesehen... Seit dem unglücklichen Sturz des Oratorianers Richard Simon (1638–1712)* – einem Parallel-Fall zu Galilei auf dem Gebiet der Geschichtswissenschaft – war die katholische Exegese gelähmt und – trotz weniger Ausnahmen – bedeutungslos geworden, bis sie um die Jahrhundertwende wieder langsam genas.»[138]

Seitdem hat sich die Situation erfreulich geändert. Die katholische Kirche nahm zur Evangelien- und Jesusforschung wiederholt Stellung. Die Enzyklika Pius' XII. «Divino afflante Spiritu» vom Jahre 1943 hat den katholischen Exegeten die geschichtskritische Methode nicht nur erlaubt, sondern zur Pflicht gemacht – sofern die Forschungsergebnisse nicht dogmatischen Aussagen widersprächen. In der von Paul VI. 1946 approbierten ‹Instructio de historica Evangeliorum veritate› der Päpstlichen Bibelkommission wurde diese Enzyklika bestätigt. Einen wichtigen Impuls zur Evangelien- und Jesusforschung bedeutete die ‹Dogmatische Konstitution über die göttliche Offenbarung› des Zweiten Vatikanischen Konzils vom 18. November 1965.

Anders sieht es mit der Stellungnahme zu den *Ergebnissen* der Evangelien- und Jesusforschung aus: «Die Ergebnisse der historisch-kritischen Jesusforschung sind von den christlichen Kir-

---

* Die ersten textkritischen Studien zum Neuen Testament wurden von ihm verfaßt und großenteils von der Kirche verurteilt.

chen in Theologie, Verkündigung und Administration noch kaum rezipiert worden. Diese Feststellung klingt wie ein Vorwurf, aber es gibt ernsthafte Gründe, die das kirchliche Zögern begreiflich machen. Da ist vor allem die Tatsache, daß die Jesuseditorforschung dem Beobachter das wenig anziehende Schauspiel wechselnder Meinungen und Methoden bietet. Demgegenüber scheint sich die dogmatische Christologie als unwandelbares, absolut sicheres Fundament des Glaubens zu empfehlen.

An beiden Eindrücken sind jedoch entscheidende Korrekturen anzubringen. Gewiß trifft es zu, daß die Evangelienforschung wie jede Wissenschaft auf manchen Irr- und Umwegen vorgegangen ist...»[139]

Heute hat sie jedoch einen Erkenntnisstand erreicht, wie sie ihn nie zuvor besaß, und das – gleichfalls erstaunlich – mit einem so hohen, auch interkonfessionellen Konsens, wie er noch vor kurzem undenkbar war.

«Ebenso korrekturbedürftig ist die Meinung, das christologische Dogma stelle ein unwandelbares, absolut sicheres Fundament des Glaubens dar. Fast alle Theologen stimmen heute darin überein, daß auch Dogmen die Offenbarungswirklichkeit nur auf eine zeitbedingte und bruchstückhafte Weise artikulieren können.»[140]

Seit diesen Kommentaren Trillings sind zwei Jahrzehnte vergangen, und eine Stellungnahme der katholischen Amtskirche zu den Erkenntnissen der geschichtskritischen Evangelienforschung steht immer noch aus. Das darf aber nicht verwundern. Man muß sich darüber im klaren sein, daß es sich bei einer kirchlichen Stellungnahme zu den heutigen Ergebnissen der Evangelienforschung um eine Entscheidung handelt, deren Tragweite und schicksalhafter Ernst kaum überschätzt werden können. Denn in einer solchen Stellungnahme, wenn sie offen und ehrlich ist, müßte die Kirche den Einsturz von tragenden Mauern in ihrem Glaubens- und Lehrgebäude eingestehen. Die innerkirchlichen Auseinandersetzungen, die letztlich in der

Frage konvergieren «Christentum der klerikalen Amtskirche oder Christentum Jesu?», eskalieren allerdings so dramatisch, daß der Zeitpunkt gekommen scheint, die klerikale Amtskirche aufzufordern, nicht mehr länger zu schweigen, sondern endlich eine klare Stellung zu beziehen.

III. Die große Herausforderung

So steht die katholische Kirche heute vor der größten Herausforderung ihrer fast zweitausendjährigen Geschichte und vor dem Scheideweg: Entweder zum historischen Jesus und seiner authentischen Botschaft Ja zu sagen und die eigenmächtigen störenden Zutaten an Glaubens- und Lehrsätzen, Gesetzen, Verhaltensweisen und Traditionen abzubauen, oder so zu bleiben, wie sie ist, die fundierten Erkenntnisse der geschichtskritischen Evangelienforschung als Häresie zu verdammen und damit ihren Gläubigen den Zugang zum authentischen Evangelium Jesu zu versperren. In diesem Fall aber müßten sich die Kirchenführer wie einst die Schriftgelehrten von Jesus sagen lassen:

«Wehe euch, ihr Heuchler! Ihr versperrt den Menschen das Gottesreich» (Mt 23, 13).

Verehrte Leserin, verehrter Leser,

ich hoffe, Ihnen mit diesem Buch nützlich gewesen zu sein, und ich würde gerne von Ihnen hören: Welches sind Ihre Gedanken nach dieser Lektüre? Mit bestem Dank im voraus und freundlichen Grüßen,

Herbert Ziegler

Anmerkungen

Verzeichnis der zitierten Bücher, für die in den nachstehenden Anmerkungen lediglich die Namen der Autoren stehen:

ALAND, B. und K., Novum Testamentum Graece. ‹Nestle› (Stuttgart ²⁶ 1979).

BOVON, F., Das Evangelium nach Lukas (1,1 – 9, 50). Evangelisch-katholischer Kommentar zum Neuen Testament (Zürich 1989).

CONZELMANN, H. / LINDEMANN, A., Arbeitsbuch zum Neuen Testament (Tübingen ⁹ 1988).

GNILKA, J., Das Matthäusevangelium. Herders Theologischer Kommentar zum Neuen Testament (Freiburg 1.Bd. 1986, 2.Bd. 1988).

HAAG, H., «Stört nicht die Liebe». Die Diskriminierung der Sexualität – ein Verrat an der Bibel (Olten ² 1986).

HERBST, K., Der wirkliche Jesus (Olten 1988).

KRETZ, L., «Vater unser». Das Christentum im Widerspruch zu Jesus (Olten 1989).

KÜNG, H., Christ sein (München 1974).

LAPIDE, P., Ist die Bibel richtig übersetzt? Vortrag vor der Akademikergemeinschaft Ciba-Geigy (Basel, 21. März 1988).

LOHFINK, G., Die Himmelfahrt Jesu – Erfindung oder Erfahrung (Stuttgart 1972).

PESCH, R., Das Markusevangelium. Herders Theologischer Kommentar zum Neuen Testament (Freiburg 1.Bd. ⁴ 1984, 2.Bd. ³ 1984).

PESCH, R., Das Evangelium der Urgemeinde (Freiburg 1979).

RUDOLF, P.F., Jesus von Nazareth oder von Qumran? (Olten 1993).

SCHENK, W., Synopse zur Redequelle der Evangelien (Düsseldorf 1981).

SCHILLEBEECKX, E., Jesus. Die Geschichte von einem Lebenden (Freiburg ⁴ 1977).

SCHWEIZER, E., Das Evangelium nach Matthäus. Das Neue Testament Deutsch (Göttingen ¹⁵ 1981).

SCHWEIZER, E., Das Evangelium nach Lukas. Das Neue Testament Deutsch (Göttingen ¹⁸ 1982).

TRILLING, W., Geschichte und Ergebnisse der historisch-kritischen Jesusforschung, in: F.J. SCHIERSE, Jesus von Nazareth (Mainz 1972).

ZIMMERMANN, H., Neutestamentliche Methodenlehre (Stuttgart ³ 1970).

[1] Siehe zu diesem Problem: P.F. Rudolf.

[2] Schillebeeckx, 97.

[3] Conzelmann, 358–359.

[4] Conzelmann, 353.

[5] Trilling, 191.

[6] Trilling, 191–193.

[7] Conzelmann, 23–33.

[8] Zimmermann, 17.

[9] Küng, 147.

[10] Conzelmann, 61–70.

[11] Schillebeeckx, 648–649; Zimmermann, 128 ff.

[12] Schillebeeckx, 67–69.

[13] Schillebeeckx, 41–42.

[14] Schillebeeckx, 656–657.

[15] Conzelmann, 109–118; Schillebeeckx, 653–654; Zimmermann 214 ff.

[16] Conzelmann, 377 ff.; Schillebeeckx, 77–85.

[17] Schillebeeckx, 76.

[18] Schillebeeckx, 78.

[19] H. Conzelmann und E. Käsemann in Schillebeeckx, 80.

[20] E. Käsemann in Schillebeeckx, 80.

[21] Schillebeeckx, 82.

[22] Schillebeeckx, 84.

[23] Bovon, 19–24; Conzelmann, 267–293 und 303–317; Gnilka, II, 513–549; Pesch, I, 1–63; Schweizer E., Lukas, 1–10.

[24] Pesch, I, 14.

[25] Gnilka, II, 520.

[26] Bovon, 23.

[27] Schillebeeckx, 87.

[28] Schenk, 11.

[29] Zimmermann, 87.

[30] Ritt H., Spruchquelle Q – leider zu wenig bekannt; Anzeiger für die Seelsorge, 1985 (11), 422–426.

[31] Pesch, I, 3–69.

[32] Gnilka, II, 513–548.

[33] Bovon, 19–26.

[34] Conzelmann, 360.

[35] Bovon, 168.

[36] Pesch, II, 327.

[37] Schillebeeckx, 162.

[38] Küng, 441–442.

[39] Schillebeeckx, 161–162

[40] Schillebeeckx, 163.

[41] Schillebeeckx, 170.

[42] Küng, 220–221.
[43] Hengel, M. in Schillebeeckx, 16.
[44] Schillebeeckx, 16.
[45] Schillebeeckx, 134–135.
[46] Schillebeeckx, 114–115.
[47] Schillebeeckx, 293.
[48] Schillebeeckx, 15 und 28.
[49] Pesch, II, 521.
[50] Schillebeeckx, 375.
[51] Schweizer E., 245.
[52] Schillebeeckx, 468.
[53] Schillebeeckx, 306.
[54] Gnilka, II, 511.
[55] Schillebeeckx, 342.
[56] Schillebeeckx, 303.
[57] Lohfink, 9–28.
[58] Schillebeeckx, 233.
[59] Schillebeeckx, 70 und 469–471.
[60] Schillebeeckx, 238.
[61] Schillebeeckx, 22.
[62] Schillebeeckx, 21.
[63] Schillebeeckx, 360.
[64] Schillebeeckx, 409.
[65] Schillebeeckx, 414.
[66] Schillebeeckx, 366.
[67] Schillebeeckx, 487.
[68] Schillebeeckx, 489.
[69] Schillebeeckx, 484–486.
[70] Schillebeeckx, 228.
[71] Bovon, 20.
[72] Conzelmann, 275; Schillebeeckx, 264.
[73] Herbst, 118.
[74] Herbst, 118 und 285, Anmerkung 31.
[75] Haag, 217.
[76] Haag, 219.
[77] Haag, 222.
[78] Gnilka, II, 167.
[79] Siehe auch Schillebeeckx, 605, Anmerkung 76.
[80] Herbst, 173.
[81] Schillebeeckx, 226.
[82] Herbst, 187–188.
[83] Pesch, Urgemeinde.
[84] Schillebeeckx, 275–276.

[85] vgl. Bovon, 25–26.

[86] Schillebeeckx, 289.

[87] Schillebeeckx, 229–230; siehe auch: Kretz.

[88] Jeremias J., Abba (Göttingen 1966), 59 und 163.

[89] Van Jersel B. in Schillebeeckx, 230.

[90] Schillebeeckx, 230; siehe auch: Kretz.

[91] Schillebeeckx, 279–280.

[92] Lapide.

[93] Küng, 441.

[94] Conzelmann, 367.

[95] Schillebeeckx, 111–124.

[96] vgl. Schillebeeckx, 365–366.

[97] Haag H., Wenn ihr betet… Theologische Meditationen (Einsiedeln [3] 1971), 52–56.

[98] Schillebeeckx, 129–130.

[99] Schweizer, Matthäus, 174–177.

[100] Herbst, 62–63.

[101] Herbst, 148.

[102] Haag, 92.

[103] Siehe auch Schweizer, Matthäus 304.

[104] Schweizer, Lukas, 86–87.

[105] Gnilka, I, 400.

[106] Herbst, 150.

[107] Gnilka, I, 238.

[108] Gnilka, II, 40.

[109] Herbst, 280, Anmerkung 8.

[110] Schillebeeckx, 57.

[111] Trilling, 209.

[112] Schenk.

[113] Aland.

[114] Die Vereinigung aller Evangelien zu einem einzigen, einer sogenannten ‹Evangelienharmonie›, wurde im Laufe der Jahrhunderte wiederholt versucht. Besonders erwähnenswert ist die älteste Evangelienharmonie. Sie wurde in der zweiten Hälfte des 2. Jh. von dem aus Mesopotamien stammenden Tatian unternommen. Diese Evangelienharmonie trug den griechischen Namen ‹Diatessaron› (‹Durch vier›) und fand in jungen Christengemeinden weite Verbreitung. Sie wurde nach ihrem Autor auch kurz ‹Tatian› genannt. Sie ist nur in Fragmenten erhalten und mit Hilfe späterer Kommentare rekonstruierbar. Sie war in syrischer (oder griechischer?) Sprache verfaßt und wurde in der Folge auch in andere Sprachen übersetzt, so um 830 in Fulda in das Althochdeutsche, und war mitbestimmend für die Entstehung des altsächsischen Gedichtes ‹Heliand›.

236

Eine wirkliche Evangelien-*Harmonie* kann jedoch nur realisiert werden, wenn zuerst die Gegensätzlichkeiten zwischen den einzelnen Evangelien ausgeräumt sind, was ohne die heutigen Erkenntnisse der Evangelienforschung bisher nicht möglich war.

[115] 1 Sea = 13 Liter.

[116] Die Drachme war eine Münze griechischen Ursprungs und entsprach ca. 80 % eines Denars (siehe Anmerkung 118).

[117] 1 (attisches) Talent = 6000 Denare (siehe Anmerkung 118).

[118] Der Denar war eine römische Silbermünze (4,55 g) und entsprach dem Tageslohn eines Tagelöhners.

[119] 1 Mine = 100 Denare (siehe Anmerkung 118).

[120] 1 Bat = 36,4 Liter.

[121] 1 Kor = 525,4 Liter.

[122] Deuteronomium 5, 16.

[123] Exodus 21, 17.

[124] ‹Korban› war eine jüdische Schwurformel, mit der ein Sohn das, was er seinen Eltern zum Unterhalt schuldete, als Opfergabe dem Tempel vermachen konnte. Er selbst aber blieb Zeit seines Lebens deren Nutznießer und entzog sich auf diese Weise der Versorgungspflicht gegenüber seinen Eltern.

[125] ‹Rabbuni› ist eine Nebenform von ‹Rabbi›.

[126] Psalm 118, 26.

[127] Jesaja 56, 7.

[128] Jesaja 7, 11.

[129] Vgl. Jesaja 5, 2.

[130] Genesis 37, 20.

[131] Genesis 37, 24.

[132] Der Denar, um den es sich wahrscheinlich handelte, war eine Silbermünze mit dem Brustbild des Kaisers Tiberius (siehe Anmerkung 118).

[133] Genesis 38, 8. Deuteronomium 25, 5–6.

[134] Exodus 3, 6.

[135] Psalm 110, 1.

[136] Haag, H., 197–198.

[137] Psalm 22.

[138] Trilling, 208.

[139] Trilling, 211–212.

[140] Trilling, 212.

Anton Mayer

Der zensierte Jesus

Soziologie des Neuen Testaments
Mit einem Geleitwort von Norbert Greinacher
320 Seiten, Englische Broschur, 1983

«Die erste Soziologie des Neuen Testaments. Sie zeigt 1. den proletarischen Ursprung des Jesus von Nazareth und seiner Botschaft, 2. die Stufen der Entproletarisierung in NT und Kirchengeschichte durch zum Teil unbewußte Zensur, 3. die Folgen: Sexismus, Antisemitismus und Kapitalismus. Die Beachtung der soziologischen Gesetzmäßigkeiten wurde von den Theologen bisher ausgeklammert. Sie versuchen, die zahlreichen im NT nachgewiesenen Manipulationen im Rahmen der traditionellen Glaubenssicht zu erklären. All diese Versuche blieben aber ungenügend und nicht voll überzeugend. Erst die Berücksichtigung der sozialen Triebkräfte führt zu einer befriedigenden Interpretation. Dem gut lesbaren Werk kommt der Rang einer Pionierarbeit zu.»

Sendbote, Werthenstein 1/1984

WALTER-VERLAG

Eugen Drewermann

Das Markusevangelium

Bilder der Erlösung
Erster Teil 1987, Zweiter Teil 1988

«In seinem Markus-Kommentar zeigt der Autor, wie es gelingen kann, das
Getto der Angst aufzubrechen zur Freiheit und Offenheit des Lebens im
absoluten Vertrauen auf Gott. Trat bisher in der Theologie der Glaube an
die Stelle des Unglaubens, so ist bei Drewermann der Mensch erlöst, wenn
an die Stelle der Angst das Vertrauen tritt. Jesus vertrauen heißt zu wissen,
daß es für jede Krankheit eine Heilung gibt... Der Streit um Drewermanns Bücher zeigt ihre kirchliche und gesellschaftliche Brisanz. Menschen, für die diese sichtbare Welt nicht alles ist, sind von den Mächtigen
sehr schwer manipulierbar. Gottvertrauen war politisch schon immer ge-
fährlich: Jesus, Franziskus, Gandhi, Martin Luther-King bezeugen es.
Ist Drewermanns Tiefenpsychologie Ersatzreligion? Wenn in der Tradition der historisch-kritischen Bibelwissenschaft die Archäologie eine
Hilfe ist, warum soll dann heute nicht auch die Psychologie hilfreich für
religiöses Leben sein? Der Streit um den streitbaren Eugen Drewermann
jedenfalls lohnt sich.»

Frankfurter Allgemeine, 10. Januar 1989, Franz Alt

WALTER VERLAG